나 없이 마트가지 마라

알아두기

* 이 책에 표시된 식품의 원재료명 표와 영양 성분 표는 실제 판매하는 제품 표기를 그대로 옮겨 적었다.

* 대부분 식품에 표기된 '1일 영양 성분 기준치에 대한 비율(하루 권장량 대비 얼마나 먹게 되는지 알려주는 정보)'은 하루 2,000kcal를 먹는 사람을 기준으로 표기돼 있다. 유아는 하루 칼로리 섭취 권고량이 1,000kcal(만 1~2세)~1,400kcal(만 3~5세)이므로 제품에 쓰인 비율 보다 더 많이 섭취하게 된다고 생각하면 된다. 이 책에서 예시로 든 각종 식품의 영양소 권장량이나 상한량 등도 가급적이면 유아에 맞춰 환산해 제시하도록 애썼다.

* 영양 성분 표에서 1회 제공량과 제공 횟수를 곱한 값은 총 제공량과 약간의 오차가 있을 수 있다. 식품 업체가 1회 제공량의 소수점 이하 자리를 '내림'하여 표기하는 경우 총 제공량이 조금 더 많이 표기될 수 있다.

* 표 8의 당류 섭취 기준은 현재 식품 업체들이 사용하고 있는 하루 섭취 칼로리 대비 10~20%가 아니라 세계보건기구(WHO)에서 2014년 추가 제안한 5%를 기준으로 하였다.

* 표 8의 6~11개월 아이의 칼슘 섭취량은 예외적으로 권장 섭취량이 아니라 충분 섭취량을 기준으로 하였다. 돌 전의 아이의 칼슘 섭취에 대한 권장 섭취량이 설정되지 않았기 때문이다.

* 표 8의 나트륨은 목표 섭취량이 아니라 더 세부적으로 설정된 충분 섭취량을 기준으로 하였다. 나트륨의 목표 섭취량은 9세 이후부터 동일하게 2,000mg이다.

똑똑하고 건강한 아이로 만드는 식품 선택의 비밀

나 없이 마트가지 마라

배지영 지음

21세기북스

내 아이 평생 건강, 생후 5년 '유아 입맛'으로 결정된다

나는 올해 12년 차 되는 의학 담당 기자다. 10년이면 강산이 변한다고 했던가. 기사에 대한 독자들의 반응도 달라짐을 느낀다. 10여 년 전만 해도 단순 질병 치료에 대한 독자 문의가 많았다. 어떤 질병에 어떤 치료를 해야 하는지, 어느 병원의 누가 수술을 잘하는지에 대해 물어오는 독자들이 대다수였다. 하지만 이제 양상이 좀 달라졌다. '질병 예방'에 관심을 가지는 독자들이 더 많아졌다. 특히 식품 섭취에 대한 관심이 높아짐을 느낀다. 식품과 건강에 대한 기사를 쓰면 확실히 공유도 많고, 댓글도 많이 달린다. 이메일로 문의하는 분도 훨씬 많다.

기사에 대한 반응이 클수록, 미치는 영향력이 클수록, 내 기사에 대한 의구심이 들었다. 과연 나는 잘 알고 쓰는 것인가. 인터뷰한 의사나 영양학자의 말은 정말 근거가 있을까. 편향된 연구 결과를 토대로 쓰고 있지는 않나 하는 고민이 반복됐다.

그래서 시작한 게 영양학 공부다. 식품과 영양학을 공부하며 석사와 박사 과정을 거치니 새로운 것들이 눈에 보였다. 전문가 눈에 뻔히 보이는 식품업체의 꼼수들, 식품회사 편의를 위한 제조공정, 원가 절감을 위한 술수, 합법이라는 둘레를 교묘히 넘지 않는 정보 조작과 마케팅 꼼수까지. 나 혼자 알고 있기에는 아까운 것들이 많았다. 그래서 칼럼을 연재했다. 식품에 대한 이면을 보여주고, 올바른 영양섭취를 할 수 있는 가이드를 제공하려 애썼다.

그러다 보니 독자 문의도 늘었다. 특히 '우리 아이 건강 다이어리'를 연재할 때 아이들 식품 선택에 대한 문의가 많았다. 하지만 신문을 통해서는 한계가 있었다. 사정에 의해 쓸 수 없는 것도 있었고, 지면이 제한되다 보니 자세히 설명할 수 없는 내용도 있었다.

이런 아쉬움을 해결하고자 기획된 게 이 책이다. 특히 유아기 아동을 둔 부모들을 위해 마련됐다. 모든 연령대의 식습관이 중요하지만, 유아기는 특히 더 중요하다. 3살 버릇 여든 간다는 말은 입맛에도 그대로 적용되기 때문이다. 어릴 적부터 가공식품의 화학조미료, 가공식품 특유의 점성과 물성에 길든 아이는 커서도 계속 가공식품만 찾게 된다. 반대로 자연식품, 발효로 얻은 천연 조미료에 지속적으로 노출된 아이는 커서도 가공식품 맛을 별로 좋아하지 않을 가능성이 높다.

특히 만 5세까지의 입맛 형성 시기가 가장 중요하다. 어린이집만 해도 젤리나 사탕을 가지고 오는 친구들이 거의 없는데, 유치원에 들어가는 시기부터 과자나 사탕을 들고 오는 아이들이 많아지기 때문이다. 이때부터는 선생님들의 통제도 어렵다. 그래서 오직 부모의 통제 아래 아이의 입맛을 만들 수 있는 시간은 생후 5년까지라고 본다. 이 시기를 잘 관리하면 아이의 평생 입맛, 평생 건강을 만들어줄 수 있다.

식품 속 살충제·항생제, 설탕과 나트륨이 아이의 뇌까지 잠식

아이에게 건강한 음식을 먹여야 하는 이유는 뭘까. 단지 충치나 비만을 막기 위해서일까? 물론 그것도 중요하다. 충치균으로 생긴 염증은 전신 건강에 관여하고, 비만 역시 혈관·대장·간 등 전신 건강에 영향을 미친다는 것을 많은 이들이 알고 있다. 하지만 건강한 음식 섭취가 아이의 몸뿐 아니라 인성, 집중력, 나아가 성적까지 좌우할 수 있다는 것을 아는 부모는 그리 많지 않다.

나는 장 건강에 특히 주목한다. 꼬불꼬불한 장의 주름을 모두 펼치면 테니스코트 하나 정도의 크기가 펼쳐진다. 장이 하는 주된 일은 우리 몸에 들어온 각종 영양분을 흡수하는 것이다. 하지만 그에 못지않게 중요한 업무가 있다. 음식물과 함께 들어온 각종 유해균, 다양한 종류의 화학물질을 거르는 일이다. 장은 우리 몸에 들어온 각종 유해물을 거르는 마지막 관문, 최전선 역할을 한다.

이때 가장 중요한 것이 바로 '유익균'이다. 장에 상존하는 수백억 마리의 유익균은 유해균의 증식과 화학물질의 나쁜 작용을 막는 역할을 한다. 그 때문에 장내 유익균이 줄면 큰 문제가 생긴다. 우선 장벽이 약해진다. 음식물이 머무는 장은 뮤신이라는 물질로 촘촘히 코팅돼 있다. 유익균은 뮤신 형성에 중요한 역할을 한다. 유익균이 줄면 뮤신도 감소해 장 세포와 세포 사이가 벌어져 미세한 구멍들이 생긴다. 외부 바이러스 등 항원이 직접 몸 안으로 들어가 여러 질병을 일으킨다. 세포 속으로 유해물질이 그대로 흡수되면서 아토피 등의 알레르기 질환을 일으킬 수 있다.

면역 기능도 떨어진다. 장은 몸의 다른 기관에서 만들어진 면역세포를 활성화하는 기관이다. 전체 면역세포의 약 80%가 장에서 활성화된다. 유익균 수가 줄면 면역세포가 제대로 형성되지 않고, 몸은 점점 허약해진다. 같은 바이러스나 병균에 노출돼도 유난히 병에 잘 걸리는 아이가 있다면 장 문제일 가능성이 높다.

대사 작용도 떨어진다. 지방 대사의 일부는 장내 세균이 담당하고 있는데, 유익균이 줄면 지방 대사가 제대로 이뤄지지 않아 쉽게 살이 찌는 몸이 된다. 물만 마셔도 살이 찌는 체질이 있다면 장내 유익균이 감소한 탓도 의심해 봐야 한다. 그리고 유익균은 혈중 콜레스테롤과 중성지방 수치를 조절한다. 암을 일으키는 물질도 분해한다. 유익균이 줄면 대사 작용이 이뤄지지 않아 각종 만성질환과 염증이 발생한다.

장내 유익균은 아이들의 감정에도 관여한다. 행복 호르몬인 세로토닌은 뇌에서 10%가 만들어지고 나머지 90%는 장에서 생성된다. 장내 유익균이 세로토닌을 만들어내는 원료이기 때문이다. 유익균이 줄면 세로토닌이 잘 분비되지 않아 항상 기분이 나쁘고 산만하며 공격적으로 바뀐다. 나는 우리말의 '배짱'이라는 단어가 굉장히 과학적인 말이라고 생각한다. 배, 즉 장(腸)이 건강해야 세로토닌·도파민 등이 제대로 나와 긍정적인 사고가 생기고 용기·자신감이 충만해진다는 것을 선조들은 이미 알고 있었던 듯하다. 최근 발표된 여러 동물실험 결과도 이를 뒷받침한다. 유익균 비율을 크게 줄인 쥐 그룹은 주변 탐색이 훨씬 줄었고, 도전하지 않았으며, 난폭한 성향을 보였다. 그밖에 장이 좋지 않으면 배가 자주 아픈 과민성대장 증후군과 설사, 변비 등이 생길 수 있다는 것은 말하지 않아도 아는 사실이다.

식품 이야기를 하다 왜 '장'의 중요성을 강조하는지 의아해

할지 모르겠다. 이유가 있다. 장의 상태를 결정하는 것이 바로 '식품'이기 때문이다.

장 연구로 유명한 미국 에모리대 앤드루 게월츠 교수는 '타임스지'와의 인터뷰에서 현대인의 장내 유익 세균 비율이 50년 전보다 크게 떨어졌다며 방부제가 든 가공식품, 가공 설탕(당)이 든 음료, 살충제가 남아있는 과일과 채소의 섭취, 염소로 소독된 식수의 지속적 음용, 항생제의 남용, 항생제를 먹고 자란 육류 섭취 등이 빈번해짐을 주요 이유로 꼽았다. 나쁜 식품이 인체 내로 들어왔을 때 유익균은 쉽게 죽는다. 이런 식습관을 지속했을 때 우리 장 속 유해균의 비율은 높아지고 유익균의 비율은 줄어들게 된다.

이 책은 아이들의 육체 건강에서 정신 건강까지 관여하는 '장 건강'을 지키기 위한 식품 바로 알기에 주안점을 뒀다. 유해균이 좋아하는 것은 설탕, 탄수화물 등이 가득한 과자류·음료류이다. 유익균을 줄이는 것은 화학조미료·첨가물·농약 등의 화학물질, 항생제가 들어간 달걀이나 고기, 우유 등이다. 유해균의 비율을 늘리는 이런 식품을 피하는 게 유아기 식생활의 키포

인트다. 장 건강만 잡으면 전신 건강의 70~80%를 관리하는 셈이다. 때문에 중요성은 강조하고 또 강조해도 모자라지 않다.

식품회사의 꼼수를 피하는 '좋은 식품 고르기'

그래서 좋은 식품을 고르는 눈이 필요하다. 이 책을 찬찬히 다 읽고 나면 좋은 식품을 고르는 눈이 생겨날 것이다. 비밀은 '식품성분표 읽기'에 있다. 식품성분표는 크게 두 가지로 나뉜다. 식품 포장 바로 뒷면에 있는 '원재료명'과 '영양 성분' 표기다.

'원재료명' 표기는 '뭘 가지고 제품을 만들었는지'를 알려준다고 생각하면 된다. 예컨대 된장을 진짜 콩·물·소금으로만 만들었는지, 콩 조금에 밀가루·화학조미료·방부제·색소 등을 더해서 만들었는지를 알 수 있다.

'영양 성분' 표기는 만들어진 식품의 영양 성분 비율이 어떤지를 알려준다. 예컨대 과자라면 기본적으로 탄수화물·단백질·지방이 얼마나 들어 있는지, 몸에 좋지 않은 당류(설탕)와 트랜스지방, 포화지방, 나트륨 등은 얼마나 포함돼 있는지 확인할 수 있다.

식품성분표만 잘 봐도 좋은 식품과 나쁜 식품을 가릴 수 있다. 하지만 읽기가 힘들다는 게 문제다. 우선 글자 크기가 너무 작다. 거기다 합법을 가장한 꼼수를 쓰는 경우가 많아 정확한 정보를 확인하기 어렵다. 그렇기에 도움이 필요하다.

이 책의 1-2 파트에서는 식품성분표를 정확하게 읽는 법, 꼼수를 피하는 법, 식품성분표를 읽을 때 꼭 알아두어야 할 용어 등을 정리했다. 3-7 파트에서는 '실전 비교'를 준비했다. 우리가 마트에서 자주 구입하는 식품인 유제품, 제과류, 음료류, 냉장식품, 냉동식품, 간편식, 신선 제품 등을 중점적으로 다뤘다. 실제 해당 식품을 살 때 어떤 것을 살펴봐야 하는지, 어떤 꼼수를 피해야 하는지, 가성비 대비 좋은 선택은 무엇인지 제시했다. 대조되는 식품들은 직접 원재료명 표를 넣어 한눈에 비교할 수 있게 했다.

그냥 정보 나열식이 아닌, 두 아이를 키우는 엄마로서 꼭 필요한 정보를 주려고 애썼다. 아는 만큼 보인다. 그리고 부모가 아는 만큼 아이의 몸과 마음은 건강해진다. 이제 막 이유식을 시작하는 아이의 부모, 음료수나 과자를 아무런 고민 없이 사주는 부모들은 반드시 필독하기를 바란다. 아이의 평생 건강을 좌우할 '유아 입맛'을 잡아줄 수 있는 사람은 오직 부모뿐이기 때문이다.

차례

프롤로그
내 아이의 평생 건강,
생후 5년 '유아 입맛'으로 결정된다

Part 1 반드시 알고 가자, '원재료명'

01 **마법의 가루 '첨가물'만 넣으면 상한 재료도 싱싱하게 21**
02 **우리 아이가 먹는 식품, 뭘 가지고 만들었을까? 26**
03 **복잡한 첨가물 종류, 이것만은 알아두자! 31**
칼럼 MSG 논란, 어떻게 봐야 할까 40
04 **특별히 주의해야 할 첨가물 알아보기 41**
칼럼 논란이 되는 첨가물 '칵테일 효과' **48**
05 **식품 회사들이 악용하는 예외 규정들 50**

Part 2 식품의 함정을 피하고 싶다면 꼭 읽자, '영양 성분'

01 **영양 성분 표에서는 무엇을 봐야 할까? 59**
칼럼 0%는 진짜 0%가 아니다? 65
02 **영양 성분 기초 알아두기 66**

Part 3 유제품, 얼마나 알고 먹나?

01 어떤 우유를 골라야 할까? 79
02 치즈, 나트륨 체크가 필수! 87
03 원유 99% 요거트를 찾아라 90
04 합성 감미료 가득한 '설탕물', 요구르트 92
칼럼 딸기우유와 바나나 우유를 먹이면 안되는 이유 93

Part 4 아이들의 애정식품, 제과와 음료

01 한 봉지만 먹어도 밥 한 그릇 칼로리, 과자 97
칼럼 '유아용 과자'를 다 믿지 마세요 106
02 아이들용 초콜릿이라고 다를까? 108
03 어린이용 비타민·사탕·젤리의 진실 111
04 봉지 빵은 피하세요 113
05 가짜 100% 오렌지 주스 115
칼럼 주스보다 과육이 좋다 118
06 어른 음료보다 나쁜 '어린이 음료' 119
07 칼슘을 배출시키는 탄산음료 124
08 첨가물 범벅, 두유 125
칼럼 음료수를 먹이지 마세요 127

Part 5 냉장고 속 식품, 알고 먹기

01 세포 돌연변이를 일으키는 햄&소시지 133

02 햄보다 더 위험한 훈제고기 139

03 값싼 생선 자투리의 변신, 어묵 141

04 두부, 브랜드만 믿고 사지 마세요 144

05 색소와 방부제가 섞인 냉동 돈가스 148

06 잡고기에 조미료를 듬뿍 넣은, 미트볼&동그랑땡 152

07 고향의 맛? 인공 조미료의 맛, 만두 154

08 유화제가 문제, 아이스크림 156

Part 6 신선식, 간편식도 꼼꼼하게 따져 먹자

01 방부제, 색소, 점성제까지 들어간 포장 반찬 163

칼럼 반찬 고를 때 꼭 살펴봐야 할 것 172

02 시리얼이 맛있는 이유는 '설탕' 174

03 카레가 건강 식품이라고? 177

04 당황하지 않고 건강한 달걀 선택하는 방법 181

05 유기농 채소를 꼭 사야 할까? 191

칼럼 반드시 유기농을 선택하지 않아도 되는 채소•과일은? 196

06 무항생제 고기의 비밀 199

칼럼 친환경 인증제 표시, 잘 알고 구입하세요 204

Part 7 식품 필수 성분, 기름과 장 챙기기

01 기름, 목적에 맞게 쓰지 않으면 '독' 209

02 진한 기름이 무조건 좋을까? 215

03 간장에도 발암물질이 있다? 218

04 된장, 고추장도 손맛이 아니라 조미료 맛 225

에필로그

뚝뚝한 식품 소비의 시작점

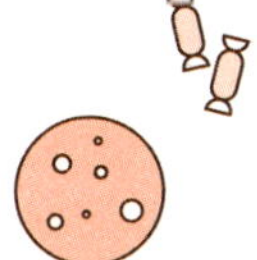

PART 1

반드시 알고 가자, '원재료명'

01 마법의 가루 '첨가물'만 넣으면 상한 재료도 싱싱하게

몇 년 전 중국에서 가짜 달걀이 유통돼 세상이 떠들썩했던 적이 있다. 겉보기에는 진짜와 똑같이 생겼고, 심지어 삶은 뒤 껍질을 벗기면 달걀과 비슷한 색깔과 식감을 나타내 세계인을 경악게 했다. 이 가짜 달걀의 주재료는 알긴산나트륨(갈조류에 포함된 식이섬유의 한 종류)과 탄산칼슘이다. 알긴산나트륨은 달걀흰자의 질감을 만들어내고, 탄산칼슘은 껍질을 만드는 데 쓰인다. 이것을 더욱더 진짜 달걀처럼 보이게 하려면 또 무엇이 필요할까. 달걀흰자의 중량을 늘리는 '증량제', 탄탄한 느낌이 들게 하는 '점성제', 흰색과 노란색을 만드는 '착색제', 맛과 향을 내는 '인공향료', 썩지 않고 오랫동안 보관할 수 있게 해주는 '보존제' 등이다. 진짜 달걀 하나의 원가가 100원이라면, 10원도 안 되는 비용으로 달걀을 만들 수 있다. 마법의 가루, 화학 첨가물 덕분이다.

기가 찰 일이지만, 나는 우리가 마트에서 흔히 사 먹는 가공식품도 이와 크게 다르지 않다고 생각한다. 가짜 달걀을 만드는 데 사용하는 알긴산나트륨, 탄산칼슘, 각종 증량제와 보존제 등의 첨가물이 마트에서 파는 식품을 제조할 때도 동일하게 쓰이기 때문이다. 가짜 달걀이 '불법 제조'였다면 마트에서 파는 가공식품은 '합법'이라는 것만 조금 다를 뿐이다.

아이들이 사랑하는 소시지를 예로 들어보자. 소시지는 고기를 다져서 소금이나 후추 등으로 간을 한 뒤 숙성시켜 만든다. 그런데 이렇게 하면 세 가지가 많이 든다. '노력(노동)', '시간', '비용'이다. 집에서 소시지를 만들려면 적어도 반나절은 걸린다. 고기를 잘게 다지느라 어깨도 여간 아픈 게 아니다. 좋은 고기로 하려면 재료비도 많이 든다. 게다가 며칠 정도 냉장고에 숙성시켜야 먹을 수 있다. 그뿐이 아니다. 오래 보관할 수 없어 빨리 먹어야 한다.

그에 비해 마트에서 소시지를 사면 노력과 시간이 줄고, 비용도 아낄 수 있다. 마트 표 소시지는 우리가 아는 고급 육을 쓰지 않는다. 고급 육은 고기를 그대로 먹는 구이용, 찜용 등으로 비싼 값에 팔린다. 굳이 고기를 다져 소시지를 해먹을 필요가 없다. 원래 소시지는 육류 소비가 많은 유럽에서 남은 자투리 고기를 활용해 만든 식품이다. 실제 마트에서 파는 소시지도 대부분 자투리 고기를 쓴다. 자투리 중에서도 나름 괜찮은 고기를 쓰는 곳도 있지만, 하급 재료를 쓰는 곳이 많다. 심하면 상하기 일보 직전에 흐물거리는 것, 뼈에 겨우 붙어 있는 자투리 고기를 쓰는 곳도 있다.

이런 고기를 그대로 다져 넣으면 당연히 맛도 없고 씹는 질감도 이상하다. 말만 고기지 고무와 비슷한 상태다. 따라서 눈속임이 필요하다. 거무튀튀한 고기 색을 붉은 색깔로 바꿔주는 발색제, 변하지 않게 하는 보존제, 양을 증가시키는 증량제, 햄 맛을 내는 각종 화학조미료, 먹음직스러운 향으로 바꿔주는 향료, 점성을 유지하는 증점제 등을 사용한다. 발색제나 조미료, 보존제도 하나씩만 쓰지 않는다. 여러 개를 쓰면 더욱 그럴듯한 맛과 향, 색을 만들어 낼 수 있기 때문이다. 이런 첨가물 조합 비율은 해당 식품회사만 알고 있다. 조미료의 경우 여러 종류를 쓰더라도 첨가물 당 함량이 전체 중량의 5% 미만이면 혼합 첨가물을 대표하는 한 가지 명칭만 쓰고(예:새우 맛 시즈닝) 하위 첨가물은 나열하지 않아도 된다. 그래서 식품회사는 일부러 여러 화학조미료를 조금씩 나눠 사용하고 표기를 빠뜨리는 꼼수를 부리기도 한다.

여기에 교묘한 마케팅으로 소비자의 판단력을 흐리게 한다. 소비자는 보이는 것에 약하다. 때문에 소비자 인식을 바꾸는 데 광고가 큰 영향을 미친다. 깐깐한 주부 연예인을 내세워 '우리 집 영양간식, 고기를 싫어하는 아이에게 딱!'이라고 광고하면 해당 소시지에 대한 소비자 인식은 금세 바뀐다. 하긴 틀린 말은 아니다. 최악의 품질이지만, 소시지에 고기가 들어있긴 하니까.

예로 든 소시지처럼 마트에서 파는 많은 가공식품이 정도의 차이만 있을 뿐 대부분 '눈속임'을 하고 있다. 오렌지 주스도 그렇다. 물(정제수)에 오렌지 과즙 농축액 5~10%만 넣으면 오렌지 맛과 색깔이 나지 않는다. 그러니 각종 향료와 착색료, 설탕 등을 넣어 진짜 오렌지 주스처럼 '위장'한다. 간장도 비슷하다. 실제 콩 발효액의 비율은 줄이고 물을 넣어 비용을 절감한 뒤, 각종 첨가물을 넣는다. 이렇게 하면 진짜 콩 100%만으로 만든 간장과 비슷한 맛을 낼 수 있다.

그렇다고 식품회사를 탓할 수만은 없다. 법적인 테두리 아래 만든 제품이기 때문이다. 소시지를 만들 때 어떤 품질의 고기를 써야 한다는 규정은 없다. 오렌지 주스를 만들 때도 100% 오렌지만 써야 한다는 법은 없다. 합법적인 테두리 안에서 생산하기 때문에 그것을 가지고 뭐라고 할 수는 없다. 식품회사에서는 식품을 보다 싸게 공급해 많은 사람이 식비를 절약할 수 있게 됐다고 주장할 수도 있다. 사실 100% 오렌지로 만든 주스만 판매한다면 지금처럼 많은 사람이 오렌지 주스를 손쉽게 맛볼 수 없을지 모른다. 한 잔에 5,000원이 훌쩍 넘는 비용을 내야 하니 말이다. 식품회사는 인공 첨가물 덕분에 몇백 원만 내면 오렌지 주스를 먹을 수 있는 게 아니냐고 항변할 수도 있다. 하지만 알고 먹는 것과 모르고 속는 것은 차이가 있다. 식비 절약을 위해 스스로 가짜 오렌지 주스를 선택하는 것과, 가짜를 진짜 오렌지 주스인 줄 알고 사 먹는 것은 전혀 다른 이야기다. 결국 소비자가 똑똑해져야 한다. 알아야 속지 않고, 더욱 건강한 제품을 고를 수 있다. 똑똑한 소비자가 되는 첫걸음이 바로 '원재료명 읽기'다.

02 우리 아이가 먹는 식품, 뭘 가지고 만들었을까?

마트에서 가공식품을 고를 때 가장 먼저 확인해야 할 것이 무엇일까. 바로 식품성분표다. **식품성분표는 크게 어떤 재료가 들어있는지를 알려주는 '원재료명' 부분표 1과 영양 성분 구성(나트륨, 탄수화물, 지방 등)을 알려주는 '영양 성분(영양 정보)'표 2 부분으로 나뉜다.** 여기서는 '원재료명' 표기에 대해 먼저 살펴보자.

우리나라는 2006년 9월 이후 원재료명 표기가 '완전 표시제'로 바뀌었다. 완전 표시제란 가공식품에 들어가는 모든 물질을 많이 넣은 순으로 표기하는 제도다. 바뀌기 전에는 가장 많이 들어간 5가지 물질만 표기하면 됐기 때문에 주요 원재료 외에 어떤 첨가물이 들어갔는지 정확히 알 방법이 없었다.

이렇게 완전 표시제로 바뀐 것은 다행이지만, 아직도 장애물이 많다. 우선, 너무 많은 표시 때문에 끝까지 읽는 것이 힘들다. 글씨도 깨알 같고, 용어도 어렵다. 그렇다고 원재료명 읽기를 포기하면 안 된다. 영어를 이해하려면 알파벳부터 알아야 하듯, 좋은 식품을 가려내려면 원재료명 표기를 정확히 읽을 줄 알아야 한다. 식품업체는 식품 표기를 잘 읽지 못하는 소비자를 대상으로 많은 '꼼수'를 쓴다. 좋은 원재료를 쓰고 첨가물을 가급적 적게 사용하는 윤리적인 기업도 있지만, 그렇지 않은 회사도 많다. 저가의 주재료에 각종 첨가물을 넣어 맛·향·모양을 보정한 다음, 포장만 그럴듯하게 해 파는 경우가 꽤 있다.

표 1 원재료명 표기 예시

원재료명
소맥분(밀:수입산), 백설탕, 가공유지(팜부분경화유-말레이시아산, 대두), 코코아매스, 쇼트닝(부분 경화유), 전지분유(우유), 산도조절제, 유당, 아몬드 분말, 전지분 골드 I, 정제 소금, 덱스트린, 물엿, 합성 착향료(바닐라 향, 버터 향), 유화제, 캐러멜색소, 효모, 효소제제

표 2 영양 성분 표기 예시

영양 성분	1회 제공량 1/3컵(33g) 총 3회 제공량(100g)	1일 영양 성분 기준치에 대한 비율
열량	165Kcal	
탄수화물	22g	7%
당류	11g	
단백질	3g	3%
지방	8g	16%
포화지방	4g	27%
트랜스지방	0g	
콜레스테롤	10mg	0%
나트륨	55mg	3%

원재료명 표기가 어떻게 구성돼 있는지 알면 좀 더 수월하게 원재료명을 읽을 수 있다. 표 3을 예로 살펴보자. 기본적으로 두 가지 원칙이 있다. 첫째는 '전 성분 표기' 원칙이다. 모든 성분이 나열돼 있다고 생각하면 된다. 둘째 원칙은 '순서'다. 많이 들어간 순서대로 나열되어 있다.

표 3 새우 맛이 나는 과자의 원재료명 표기

원재료명
소맥분(밀;미국산), 미강유(태국산), 옥수수 전분[옥수수;외국산(러시아, 헝가리, 세르비아 등)], 새우(국산 50%, 미국산 50%), 팜유, 맛 베이스 조미 분말[건새우 분말(새우;중국산), 새우 추출물 분말(새우;미국산)], 혼합제제(타피오카산화전분, 말토덱스트린), 새우 풍미유, 염미 시즈닝

그밖에 부수적으로 알아두면 좋은 팁이 있다. '밀·우유·돼지고기' 같이 우리가 흔히 아는 재료 외에 알 수 없는 재료명은 일단 '첨가물'이라고 생각하면 된다. 그래도 막상 식품 표기에 빽빽하게 적힌 것을 보면 뭐가 피해야 할 첨가물이고, 뭐가 먹어도 좋은 재료명인지 알 수 없을 때가 많다. 그렇지 않아도 바쁜데, 피해야 할 첨가물을 모두 외울 수도 없다. 그럴 때는 '해당 재료를 마트에서 오늘 살 수 있느냐, 없느냐'를 기준으로 삼으면 도움이 된다.

간장을 예로 들어보자. A라는 간장[표 4]은 성분표에 '대두(콩), 천일염, 정제수'만 쓰여 있다. 콩과 천일염은 우리가 마트에서 쉽게 살 수 있는 재료다. 즉, 첨가물이 하나도 없이 원재료만으로 만들어진 제품이다. 반면 B라는 제품[표 5]은 '탈지대두, 천일염, 기타 과당, 소맥(밀), L-글루타민산나트륨(향미증진제, MSG), 파라옥시안식향산에틸(보존료)' 등이 적혀 있다. 이 중 일반 소비자가 마트에서 직접 살 수 있는 재료는 천일염 정도밖에 없다. 대두는 마트에서 살 수 있지만 '탈지대두'는 마트에서 살 수 없다. 탈지대두는 대두보다 가격이 싼 원료로, 식용유를 만들고 남은 저급 콩 찌꺼기다. 기타 과당, L-글루타민산나트륨, 파라옥시안식향산에틸 역시 마트에서 살 수 없는 품목이다.

표 4 간장 A(경기도 양평의 소규모 기업에서 생산하는 재래식 간장)

원재료명
대두 46%(국산), 천일염 19%, 정제수 35%

표 5 간장 B(한 대기업에서 생산하는 저가 간장)

원재료명
정제수, 탈지대두(인도산), 천일염(호주산), 기타 과당, 양조간장[탈지대두(인도산), 천일염(호주산), 소맥(밀)], L-글루타민산나트륨(향미증진제), 파라옥시안식향산에틸(보존료), 대두, 밀 함유

'해당 재료를 마트에서 오늘 살 수 있느냐, 없느냐'를 기준으로 한다면 B 제품 표기에 적힌 원재료 대부분은 적게 먹으면 좋은, 부정적인 것들이다. 이는 콩 대신 최대한 싼 탈지대두를 중심 재료로 쓰고, 풍미가 없으니 맛을 내기 위해 여러 첨가물을 넣은 제품이라는 뜻이기도 하다.

하급 재료를 쓸수록 첨가물의 종류와 양은 많아진다. 첨가물을 잘 이해하는 것이 식품 표기법을 읽는 첫걸음이다. 이 기준을 큰 원칙으로 하고, 많이 쓰이는 첨가물 몇 가지를 알아놓으면 원재료명 표기를 더욱 쉽게 읽을 수 있다.

03 복잡한 첨가물 종류, 이것만은 알아두자!

국내에서 허용된 첨가물의 종류는 600여 개다. 한 첨가물당 넣을 수 있는 허용 범위가 정해져 있고, 대부분의 식품회사는 이를 지켜가며 첨가물을 투입한다. 그래서 개별 첨가물 투입량을 보면 크게 문제가 없다고 할 수도 있다. 그러나 진짜 문제는 중복 섭취에 있다. 어묵, 햄, 소시지, 맛살, 만두 등 냉장 또는 냉동해야 하는 식품에는 평균 10~20여 개의 첨가물이 포함돼 있다. 과자나 사탕은 물론, 반찬을 만들 때 사용하는 간장이나 소스류에도 10여 가지 이상의 첨가물이 들어있다. 편의점 삼각김밥, 도시락 등에는 적어도 40여 가지 이상의 첨가물이 포함돼 있다. 외식을 많이 하거나 반찬류를 사 먹는 비율이 높은 가정이라면 하루 섭취 첨가물은 100여 개가 훌쩍 넘는다. 아쉽게도 현대 과학으로는 이런 중복 섭취에 대한 위험성을 평가할 수 없다. 소비자가 알아서 최대한 노출 빈도를 줄일 수밖에 없는 실정이다.

첨가물 용어를 모두 알아서 첨가물이 많이 든 식품을 피할 수 있으면 좋겠지만, 워낙 종류가 많고 용어도 어려워 쉬운 일이 아니다. 하지만 방법은 있다. 식품회사들이 주로 쓰는 첨가물이 따로 있기 때문이다. 가장 많이 쓰는 종류 몇 가지만 알아놓으면 눈이 저절로 뜨인다. 그 외에 처음 본다 싶은 첨가물들은 몸에 더 해롭다고 생각하면 된다. 첨가물 이름이 낯설수록 안전성 증명이 덜 되었을 가능성이 높기 때문이다. 꼭 알고 있어야 할 첨가물만 목적별로 추려봤다.

유통기한을 늘리는 첨가물

마트에서 산 소시지는 왜 잘 상하지 않을까?

보존료 식품 제조업자가 가장 우려하는 것이 변질(變質)이다. 집에서 만든 소시지는 며칠이 지나면 상하기 시작한다. 하지만 마트에서 산 소시지는 왜 그렇게 오래갈까. 유통기한을 늘리는 첨가물 덕분이다. 보존료는 유통기한을 늘리는 대표 첨가물이다. 미생물의 번식을 억제해 유통기한 연장을 돕는다. 안식향산나트륨, 무수아황산(이산화황), 아질산나트륨이 대표적이다. 안식향산나트륨은 드링크류, 음료, 잼류, 마가린류 등에 쓰인다. 탄산음료나 홍삼음료 등에도 안식향산나트륨이 사용된다. 무수아황산은 건조과실, 건조채소, 와인, 물엿(전분당), 농수산물 가공품 등에 쓰인다. 식품의 변질을 막는 것 외에 색상을 희게 하는 역할도 한다. 깐 도라지 등에 무수아황산이 과량 사용돼 적발된 사례가 많다. 아질산나트륨은 색을 선명하게 유지하고 맛을 부드럽게 하는 역할을 한다. 햄과 소시지 대부분에 아질산나트륨이 포함돼 있다.

산화방지제 산화 방지 역할을 한다. 산화란, 공기 중 산소와 식품의 지방·탄수화물 등이 만났을 때 성분이 변하는 것을 말한다. 식용유, 버터, 청량음료, 크래커, 치즈, 사탕 등 대부분의 식품이 산화를 일으킨다. 가공식품에 산화방지제를 넣지 않으면 유통 자체가 어려운 경우가 많다. 마가린과 식용유 등에는 디부틸히드록시톨루엔, 부틸히드록시아니솔 등이 많이 사용된다. 마요네즈와 소스, 캔 제품에는 이디티에이류가 쓰인다. 비타민C, 차 추출물 등은 천연 산화방지제다.

PH 조정제(산도조절제) 식품의 보존 기간은 산성이 강할수록 길다. PH 조정제는 식품의 산도를 강하게 하면서도 신맛이 과도하게 느껴지지 않게 조절한다. 사과산, 사과산나트륨 등이 있다. 사용 목적에 따라 산미료로 표기되기도 한다.

강한 감칠맛으로 입맛을 바꾸는 화학조미료
저급 재료는 어떻게 깊은 맛을 갖게 되었을까?

MSG(L-글루타민산나트륨, 향미증진제) 1907년 일본 도쿄대 물리학과 교수가 발견한 물질이다. 예전에는 화학적으로 합성해서 만들었지만, 최근에는 사탕수수의 당밀로 만든다. 사탕수수를 착즙해 설탕을 뽑아낼 때, 결정되지 않는 당분 즉 '당밀'이 나온다. 이 당밀을 결정화하면 마지막에 '폐당밀'이 남는다. 여기에 유전자 조작으로 만들어진 박테리아(세균)를 넣으면 균이 글루타민산을 토해낸다. 이를 탄산소다로 중화한 것이 글루타민산나트륨이다. 글루타민산나트륨은 다시마 우린 물에서 나온 글루타민산보다 감칠맛이 훨씬 강하다. 여기에 염분을 더하면 감칠맛이 더욱 도드라진다. 사탕수수에서 뽑아내 만들었다고 하니 왠지 건강하게 느껴지지만 결국 똑같은 화학조미료다. 최근에는 MSG 대신 L-글루타민산나트륨 또는 향미증진제라고 표기하니 잘 알아두자.

기타 합성조미료 MSG만 조미료라고 알고 있는 사람이 많다. 하지만 MSG 외에도 화학적으로 만든 조미료가 많다. 단백질 가수분해물, 5'-구아닐산이나트륨(구아닐산나트륨), 5'-이노신산이나트륨(이노신산나트륨), 푸마르산일나트륨, 5'-리보뉴클레오티드이나트륨 등이 대표적이다. '아미노산 함유'라고 쓰여 있어도 화학조미료가 들어있다고 보면 된다.

단백질 가수분해물은 말 그대로 단백질을 분해해 만든 조미료다. MSG 맛이 너무 단순하다고 생각한 소비자들의 욕구를 충족시키기 위해 탄생한 제품이다. 멸치나 다시마, 표고버섯 등을 넣고 육수를 내면 MSG만 달랑 넣은 국물과 비교해 풍부한 맛이 난다. 이 맛을 구현하기 위해 화학자들이 머리를 싸매고 개발한 것이 단백질 가수분해물이다. 단백질 가수분해물의 주원료는 식물성 또는 동물성 단백질에서 추출된다. 단백질만 있으면 되기 때문에 대부분 가장 하급 재료를 쓴다. 식물성 재료로는 기름을 짜고 남은 찌꺼기인 탈지대두가 많이 쓰이며, 동물성 재료로는 생선의 자투리를 갈아 만든 어분이 대표적이다. 여기에 염산을 부으면 단백질이 분해(가수분해)되고, 가수분해가 끝난 물질을 중화시키면 '아미노산액'이 만들어진다. 이것을 농축시킨 것이 단백질 가수분해물이다.

단백질 가수분해물 그대로는 악취에 가까운 냄새가 난다. 따라서 원하는 향과 맛에 따라 가다랑어 농축액이나 돈골 농축액 등을 넣어 냄새와 향을 마스킹(masking)한다. 아미노산액에 여러 농축액을 섞었기 때문에 MSG보다 더 풍부한 맛이 난다. 풍부한 맛이 난다고 좋은 것일까. 'OO 추출물', 'OO 농축액'으로 표기된 것에 대해 잘 생각해봐야 한다. 식품 표기에 'OO 농축액'이 있으면 좋은 재료가 들어간 것으로 여기는 사람이 많다. 하지만 이런 추출물은 단백질 가수분해물이나 아미노산액의 악취를 가리기 위해 부가적으로 넣는 물질이다. 보통 가장 하급 재료로 만든다. 일종의 첨가물이므로 몸에 좋은 천연 물질처럼 생각하지 않는 게 좋다.

또한 단백질을 염산으로 분해한다는 점도 취약점이다. 중화한다 해도 염산이 소량 남아 있을 수 있다. 염산은 다른 물질과 결합해 염소 화합물(발암물질)을 만들어내기 때문에 많이 섭취하지 않도록 주의해야 한다.

산미료 당분을 발효해서 만든 상큼한 맛을 내는 첨가물로, 신맛 캔디 등에 많이 쓰인다. 제품의 결착력과 보관성을 좋게 하는 부가적인 기능도 있다. 비교적 안전한 첨가물이지만 자주 먹으면 치아 겉면의 에나멜질이 손상될 수 있다. 일부에게서 알레르기 증상도 나타난다.

감미료 단맛이 나게 하는 첨가물이다. 식품에 촉촉한 느낌을 주고 보관성도 좋게 한다. 아스파탐, 사카린나트륨, D-소르비톨 등이 있다. 칼로리를 낮춘 과자나 음료류에 많이 들어가 있다. 발암 가능성이 자주 거론되는 첨가물이다.

희미한 색을 진하게 바꾸는 첨가물

검은 고기로 만든 햄은 어떻게 붉은색일까?

발색제 색을 선명하게 하는 역할을 한다. 햄이나 소시지에 많이 들어있는 아질산나트륨은 보존제와 동시에 발색제 역할도 한다. 거무튀튀한 햄, 소시지를 선명한 붉은색으로 바꿔준다. 오렌지 주스에도 발색제가 쓰인다. 대부분의 오렌지 주스는 물을 섞는다. '100% 오렌지 주스'라고 쓰여 있어도 마찬가지다. 다른 과일이 아닌, 오렌지만 100%라는 뜻이다. 오렌지 과즙은 보통 10% 내외. 물에 오렌지 농축 과즙을 넣으면 흰색도 노란색도 아닌 희미한 색이 나온다. 누가 봐도 오렌지 주스라고 보기 어렵다. 그 때문에 오렌지 빛깔이 나는 발색제를 넣는다. 석유에서 뽑은 원료를 토대로 화학적 공정을 거쳐 탄생한 발색제다. 넣는 순간 선명한 노란색을 나타낸다.

착색제 색을 입히는 물질이다. 적색 102호, 황색 4호, 치자 색소, 카로티노이드, 코치닐 색소, 캐러멜색소, 홍국 색소 등이 있다.

쉽게 섞이도록 돕고, 부피와 끈적임을 더하는 첨가물

우유에 DHA는 어떻게 넣었을까?

유화제 서로 다른 물질이 잘 섞이도록 하며, 침전물이 생기지 않도록 한다. 일부 기능성 우유의 경우 DHA나 칼슘을 첨가하는데, 이때 유화제도 들어간다. 기능성 물질만 넣어서는 기존의 우유와 잘 섞이지 않기 때문이다. 유가공품 외에 과자, 빵, 절임 식품, 어육 가공품, 육가공품, 아이스크림, 커피 크림, 면류 제조에도 혼합물이 잘 섞이도록 유화제를 쓴다. 유화제 종류에는 레시틴과 글리세린지방산에스테르 등이 있다. 최근 미국 조지아 주립대 연구팀은 가공식품 속 유화제가 장내 점질층에 침투하는 미생물을 증가시켜 염증성 장 질환을 일으키며, 인슐린 저항성과 식욕을 증가시켜 대사증후군의 원인이 될 수 있다고 발표했다.

증점제 점성이 있도록 하는 역할을 한다. 드레싱, 양갱, 젤리 등의 점성을 높이는 데 쓰인다. 인스턴트 쌀밥과 반찬의 윤기를 낼 때도 사용된다. 잔탄검, 카라기난 등이 대표적이다.

팽창제 부풀어 오르게 하는 첨가물이다. 보통 빵에 많이 쓰인다. 천연 이스트를 쓸 수 있지만 시간과 노력, 인건비를 줄이기 위해 화학 팽창제를 쓴다. 탄산수소나트륨 등이 대표적이다. 민감한 사람에게는 카드뮴, 납 등 중금속 중독을 유발하는 부작용이 나타날 수 있다. 장기간 다량 복용 시 헤모글로빈 빈혈증, 구토 등을 일으킬 수 있다고 보고돼 있다.

칼 럼

MSG 논란, 어떻게 봐야 할까

MSG 논란은 1968년 어떤 사람이 한 의학 학술지에 편지를 보내면서 시작됐다. MSG가 많이 들어간 중국 음식을 먹고 등, 팔, 목 뒤 등이 마비되는 듯한 증상을 느꼈다는 것이다. 그 후 많은 연구가 있었지만 대부분 MSG의 유해성을 입증하지는 못했다.

그러나 일부에서는 MSG 사용으로 건강상 문제가 발생할 수 있다는 지적을 계속하고 있다. MSG가 암과 비만의 원인이며, 눈의 망막세포와 신경세포를 파괴하고 알레르기와 편두통 등을 일으킬 수 있다는 연구가 종종 보고되고 있다. MSG의 유해성을 강조하는 연구자들은 화학조미료 업계의 로비 때문에 이런 유해성이 축소되거나 잘 전달되지 않는다고 주장한다.

개인적으로는 MSG 그 자체가 나쁘다기보다 MSG를 쓰면서 따라오는 다른 신체적, 환경적 변화들에 대해 우려하는 입장이다. MSG를 쓰면 강한 감칠맛에 노출되고, 점점 더 강한 감칠맛을 원하게 된다. 이로 인해 인스턴트 식품에 입맛이 길들고, 식이섬유가 적은 가공식품을 많이 먹게 된다. 나트륨 섭취도 덩달아 늘어난다. 특히 매일 과량에 노출되는 사람은 특별히 주의해야 한다. 최근 연구 결과에 따르면, MSG 과량 섭취 군에서는 심각한 건강상의 문제가 나타났다. MSG는 어쩔 수 없을 때만 소량씩 사용하되, 섭취를 줄이도록 노력하는 것이 바람직하다.

04 특별히 주의해야 할 첨가물 알아보기

앞서 말한 첨가물은 모두 주의를 기울일 필요가 있는 물질들이다. 안전선 내에서 첨가했지만, 그 안전선이라는 게 모두에게 해당하는지는 생각해볼 필요가 있다. 지나치게 가공식품에 의존하는 사람, 집밥을 거의 먹지 않는 직장인, 체표면적이 작은 어린이와 유아, 같은 양을 먹어도 세포 돌연변이가 생기기 쉬운 면역력이 약한 노인과 환자들, 적은 양도 태아에게 큰 영향을 미칠 수 있는 임신부 등이 대표적이다.

보통 첨가물은 안전계수라는 것을 적용해 '일일 섭취 허용량(ADI)'을 설정한다. 동물 실험에서 어떤 부작용도 관찰되지 않은 양인 '최대 무(無)작용량(NOAEL)'을 얻은 다음 여기에 100분의 1이라는 안전계수를 적용한다. 예를 들어, 2년간 만성독성시험으로 어떤 화학물질을 1% 수준으로 사료에 첨가해 먹였을 때 500mg/kg/1일이 최대 무작용량이라면 사람에게는 안전계수 100분의 1을 적용, 5mg/kg/1일이 1일 섭취 허용량이 되는 것이다. 체중이 50kg인 사람이라면 ADI는 250mg이 된다. 업계에서는 이 수치를 근거로 자신들이 만든 과자나 사탕, 음료수 등에 든 첨가물이 '안전하다, 안전하지 않다'를 말한다. 하지만 여기에는 맹점이 있다. 우리가 먹는 첨가물은 하루에 수백 개가 넘는다. 삼각 김밥 하나에도 100여 개의 화학첨가물이 들어있다. 어린이가 먹는 과자나 음료수 하나에도 적게는 3~5개, 많게는 50여 가지의 화학 첨가물이 포함되어 있다. 그런데 이 계수는 한가지 물질에 대해서만 설정한 것이다. 여러 첨가물을 동시에 섭취했을 때 발생할 수 있는 위해는 반영돼 있지 않다.

여러 첨가물을 동시에 섭취했을 때 나타날 수 있는 위해를 첨가물 '칵테일 효과'라 한다. 몇 년 전 첨가물에 대한 유해성을 취재하던 중 이런 의문이 들어 식약처 담당 사무관에게 전화한 적이 있다. 칵테일 효과에 대한 연구가 이뤄졌냐고 물었다. 사무관은 현대 과학으로는 칵테일 효과를 모두 연구평가할수 없다고 솔직하게 대답해주었다. 사실 식품영양학을 전공한 나도 칵테일 효과에 대한 위험성까지 평가하기는 굉장히 어렵다는 것을 인정한다. 현대 과학의 한계인 것이다. 어쩔 수 없이 소비자가 알아서 조심하는 수밖에 없다. 첨가물이 들어간 가공식품을 최대한 적게 섭취하도록 노력해야 하는 이유다.

앞서 언급한 첨가물 중 논란이 있는 물질 몇 가지를 따로 설명하니 꼭 알아두자. 적은 양은 크게 상관없어도, 자주 먹거나 한꺼번에 많이 먹으면 위험한 물질들이다. 원재료명 표기에 이런 물질이 쓰여 있으면 될 수 있는 한 피하는 것이 좋다.

아질산나트륨(아초산나트륨) 햄과 소시지, 어묵에 대부분 포함되는 첨가물이 바로 아질산나트륨이다. 아질산나트륨은 햄 특유의 붉은빛을 잃지 않게 해주고 맛을 부드럽게 하는 역할을 한다. 또한 미생물 번식을 막아 유통이 가능하게 만들어 준다. 하지만 첨가물 중 가장 많은 유해성이 보고돼 주의할 필요가 있다. 아질산나트륨은 체내에서 니트로소아민으로 변하는데, 니트로소아민은 세계보건기구(WHO)가 정한 발암물질이다. 24종의 동물 실험에서 암을 일으켰고, 태아에도 영향을 끼쳤으며 유산도 발생했다. 또한, 혈액의 산소 운반 기능도 저해한다.

소르빈산 세균, 효모, 곰팡이 등의 미생물 발육을 저해하는 합성보존료로 쓰인다. 소르빈산류는 소르빈산, 소르빈산칼륨, 소르빈산칼슘이 있다. 주로 절임 식품, 건포류, 포도주, 치즈, 어육가공품, 장류 등에 많이 쓰인다. 과다 섭취 시 암을 유발할 수 있다. 특히 어린이나 임신부는 조심해야 한다.

아황산염 말린 과일, 포도주 등에 많이 사용된다. 과일을 말려서 그냥 놔두면 산화효소에 의해 갈변되는데, 아황산염을 넣으면 이 작용이 지연된다. 포도주가 산화되는 것을 막으며, 일부 저가의 과일·채소 음료 등에 포함돼 있다. 식품의 표백제로도 쓰인다. 메타중아황산칼륨, 무수아황산, 산성아황산나트륨 등이 있다. 아황산염은 체내에서 빠르게 대사돼 소변으로 배출되기 때문에 일일 섭취량 이내로만 먹으면 안전하다. 하지만 천식 환자나 일부 아황산염 민감자는 과민반응이 일어날 수 있어 주의해야 한다.

안식향산나트륨(벤조산나트륨) 세균, 곰팡이, 효모 등의 미생물 번식을 억제해 식품의 부패와 변질을 방지한다. 주로 과일이나 채소가 들어간 음료, 유산균 음료 등에 사용된다. 안식향산나트륨이 들어간 음료에 비타민C가 들어가면 화학반응을 일으켜 발암물질인 벤젠을 생성한다. 2006년 보존료로 안식향산나트륨을 쓰던 일부 비타민 음료(동화약품 '생생톤' 등)에서 벤젠이 검출돼 큰 문제가 됐었다.

타르색소 식품에 인공적으로 색을 입힐 때 쓴다. 산화 등으로 바래진 색을 복원하며, 석탄 타르에 들어있는 벤젠이나 나프탈렌으로부터 만들어진다. 식품에는 비교적 독성이 낮은 수용성 산성 타르색소를 이용하는데, 유해성에 대한 논란이 끊이지 않는다. 소화효소 작용 저해, 간과 위장 장애, 발암 위험 등에 대한 연구가 있다. 어린이의 경우 과잉행동을 유발한다는 보고도 있다. 어린이 기호식품 품질인증 제품, 영유아식, 분유, 면류, 아이스크림, 단무지, 김치, 두부, 김, 토마토케첩 등에는 타르색소 사용이 금지돼 있다.

캐러멜색소 간장, 춘장, 콜라, 흑맥주, 흑설탕 등에 인공적으로 갈색을 내게 하는 용도로 쓰인다. 당류나 전분 재료로 만들어져 천연색소로 분류되지만, 화학 색소와 다를 바 없다. 대량 생산 시 고온에서 가열하면서 캐러멜화(설탕이나 밀가루를 가열해 갈색이 되는 반응)할 때 이를 촉진하기 위해 아황산염, 암모늄 등 여러 화학물질을 사용한다. 이러한 화학물질이 탄수화물 속에서 어떤 반응을 일으키는지 명확하게 규명되지 않아 식품 공학자 및 화학자 사이에서도 의견이 분분하다. 발암 등의 논란이 끊임없이 제기되는 물질이므로, 되도록 적게 먹는 게 좋다.

인공감미료(아스파탐, 수크랄로스, 아세설팜칼륨, 사카린나트륨)

설탕보다 훨씬 강한 단맛을 느끼게 하는 인공감미료다. 소량으로도 단맛을 낼 수 있어 비용이 훨씬 적게 든다. 주로 저칼로리 식품이나 음료수, 술 등에 많이 쓰인다. 단맛이 나는데도 제로 칼로리라면 아스파탐이 들어있는 경우가 대부분이다.

아스파탐의 안전성에 대한 논란은 계속되고 있다. 인체 내에서 아스파르트산·메탄올·페닐알라닌으로 분해되는데, 메탄올은 다량 섭취 시 실명하거나 심하면 사망할 수 있다는 보고가 있다. 현재 아스파탐이 든 제로 칼로리 음료의 1일 허용섭취량은 1kg당 40mg으로 제한돼 있다. 성인은 16캔, 어린이는 5.3캔에 해당하는 양이다. 하지만 이는 독성을 일으키지 않을 만큼의 섭취량이다. 이만큼 마셔도 건강에 나쁘지 않다는 얘기가 아니다. 매연에 일정 수치 이상 노출돼야 암에 걸리지만,

아예 노출되지 않는 게 가장 좋은 것과 같은 이치다.

아스파탐의 대체물로 쓰이는 인공감미료 수크랄로스, 아세설팜칼륨도 발암 등을 일으킬 수 있다는 연구 결과가 있다. 일반 저칼로리 음료는 물론 어린이용 홍삼, 과자 등에도 인공감미료가 들어있는 경우가 많다.

사카린나트륨은 설탕의 300배나 되는 단맛을 가지고 있다. 1977년 캐나다에서 쥐를 대상으로 실험했을 때 방광암을 유발한다는 연구가 발표돼 논란이 됐다. 하지만 곧 인간의 배설계는 쥐와 달라 발암 요인이 아니라는 연구들이 발표되며 안전성 논란이 일단락됐다. 국제 암연구소 발암물질 목록에서도 삭제됐다. 하지만 인공 당이다 보니 포만감을 덜 느끼게 해 과식할 우려가 있고 나트륨 문제도 있다. 또 2014년 이스라엘 와이즈만 연구소에서 사카린을 포함한 인공감미료가 당뇨병 전단계인 포도당 불내성을 일으킬 수 있다는 실험 결과를 네이처지에 발표했다. 꼭 필요한 경우도 있으니 인공감미료 사용을 예민하게 받아들이지 말되, 과용은 피해야 할 것 같다.

칼 럼

논란이 되는 첨가물 '칵테일 효과'

식품첨가물 '칵테일 효과'에 대한 검증은 최근에서야 시작됐다. 대부분 문제가 발생한 뒤 해당 제품을 리콜하는 사후약방문식 대처이다. 대표적인 사례는 2008년 중국에서 일어난 '분유 멜라민 파동 사건'이다. 멜라민은 그 자체로는 소금 정도의 위해성만 있다. 멜라민만 섭취한 경우 몸무게 60kg인 성인이 200g 정도(라면 한 봉지가 120g) 섭취해야 치명적 독성이 나타난다. 단독으로 쓰이면 적은 양으로는 큰 문제가 되지 않는다는 말이다.

이 멜라민을 우유에 첨가하면 단백질 함유량을 실제보다 부풀릴 수 있다. 이를 안 악덕 업자들이 아이들이 먹는 분유에 멜라민을 섞었다. 하지만 멜라민이 우유와 섞이면 시아누르산(cyanuric acid)과 결합해 신장결석을 일으킨다는 사실은 몰랐다. 이 사건으로 4명의 유아가 사망했고 멜라민이 포함된 유제품을 먹은 사람 중 신장결석이나 신부전증 환자 5만 3,000명이 발생했다.

보존제인 안식향산나트륨도 마찬가지다. 비타민C와 결합해 외부 빛을 받으면 발암물질인 벤젠으로 바뀐다. 이 사실이 잘 알려지지 않았던 2000년대, 비타민C 드링크제에 안식향산을 넣은 제품이 판매되었다. 2006년에서야 비타민C와 안식향산나트륨이 함께 든 유명 제약사의 드링크제에서 발암물질이 검출된다는 사실이 알려졌고, 그동안 비타민 드링크를 몸에 좋다고 마셔왔던 소비자들은 큰 충격에 빠졌다. 안식향산나트륨은 아직도 우리 아이들이 마시는 음료수에 방부제(보존제)로 많이 들어가 있다. 다른 어떤 첨가물과 칵테일 효과가 일어날지는 아무도 모른다.

영국 리버풀대 연구팀에서는 식품의 색감을 좋게 하는 MSG(인공조미료), 퀴놀린 색소 황색과 청색 1호(발색제), 아스파탐(인공감미료)의 조합을 살펴본 결과, 신경흥분 독성효과가 나타났다고 밝혔다. 신경흥분 독성효과란 신경세포가 외부 물질에 손상당하거나 죽는 현상으로, 뇌졸중·퇴행성 신경질환·간질 발작 등을 일으킬 수 있다.

2007년 부산대 약대 이재원 교수팀도 타르색소 청색 1호와 황색 4호가 함께 쓰일 경우 용량이 높아지면 신경세포의 형태가 바뀌는 현상을 발견했다고 밝혔다. 연구팀은 타르색소 단일로는 영향을 미치지 않지만, 복합적으로 사용했을 때 문제가 될 수 있다고 설명했다. 청색 1호, 황색 4호는 적색 2호, 적색 40호, 황색 5호 등과 함께 우리 아이들이 먹는 사탕과 빙과류 등에 혼합제제로 많이 사용된다. 알록달록한 사탕이나 젤리, 빙과류 등을 먹을 때 뇌 신경세포에 악영향을 미치지 않을까 생각해야 한다는 말이다.

우리 아이들이 먹는 수많은 과자, 음료수, 즉석식품 등에 칵테일 효과는 잠재돼 있다. 하나의 첨가물은 안전할지 몰라도, 그것이 섞이면 어떻게 될지 아무도 모른다. 칵테일 효과가 앞으로도 언제, 어떻게 나타날지 예측도 어렵다. 모두 규명하기에는 연구비가 많이 들고, 이를 규명하려는 정부의 의지도 강력하지 않다. 식품산업을 우선시한 현 상황에서는 사후약방문식 대처가 계속될 것이다. 결국 방법은 하나뿐이다. 첨가물이 여럿 든 가공식품은 적게 먹으려고 노력하고, 최대한 가공을 덜 거친 자연식품을 먹으려고 애쓰는 것. 특히 체표면적이 작은 아이들은 더욱 조심해야 한다.

05 식품 회사들이 악용하는 예외 규정들

원재료명 표기를 읽을 때 주의 사항이 있다. 식품을 만들 때 쓰인 원재료를 '많이 쓰인 순서대로', '모두 기입'하는 게 원칙이다. 그러나 예외 규정이 있기 때문에 식품회사에서 이를 악용하기도 한다. 소비자라면 꼭 알아야 할 예외 규정을 소개한다.

일괄 표시 허용 여러 첨가물을 넣어도 사용 목적이 같다면 대표명(용도명) 하나만 표기해도 된다. 응고제, 광택제, 팽창제, 연화제, 산도조절제, 조미료, 유화제, 산미료, 효소 등이 대표적이다. 예컨대 유화제의 경우 글리세린지방산에스테르, 자당지방산에스테르, 탄산칼륨 등을 일정 비율로 혼합해 넣었어도 식품 표시란에는 '유화제' 하나만 적어도 되는 것이다.

향료도 하나의 재료만 넣으면 '싸구려' 같은 향이 난다. 복잡하고 깊은 향을 내기 위해서는 여러 향료를 회사만의 비율로 섞는다. 진짜 과일 100%를 넣은 것 같이 꾸미기 위해서다. 원재료명에 응고제, 광택제, 팽창제, 연화제, 산도조절제, 조미료, 유화제, 산미료 등이 쓰여 있다면 그 안에 여러 물질이 더 들어있다는 것을 알아둬야 한다.

캐리 오버 제품을 만드는 재료에 사용된 하위 첨가물은 표기하지 않아도 된다는 규정이다. 예컨대 편의점에서 파는 김밥에는 단무지가 들어간다. 이 단무지에 사카린나트륨, 합성색소, 화학보존료 등이 들어가 있지만 김밥에는 이를 표기하지 않아도 된다. 그냥 단무지라고만 표기하면 되는데, 이것이 캐리 오버이다. 결국, 소비자는 반쪽짜리 정보만 전달받는 셈이다.

제조 과정에서 쓰인 첨가물 표기에서 제외 제조 과정 중간에 첨가했지만, 최종 제품에 거의 남아 있지 않은 첨가물은 따로 표기하지 않아도 된다. 씻어 나온 깨끗한 채소(주로 스티로폼 용기에 담겨 랩으로 씌워진 것들)는 대부분 화학 용액인 차아염소산나트륨에 한 번 담가졌다 나온다. 그러면 색이 변하거나 쭈글쭈글한 채소도 싱싱하게 보인다. 또 살균 효과가 있어 포장 이후에도 오랫동안 신선하게 보일 수 있다. 하지만 이 차아염소산나트륨은 세척과정을 거치면서 거의 씻겨 내려간다. 최종 제품에는 남아

있지 않다고 생각해 표기하지 않는 것이다. 그렇기 때문에 우리는 이 첨가물이 사용되었는지 알 수 없다. 또 유전자조작작물(GMO)도 표기하지 않는다. 식용유 중 하나인 카놀라유는 대부분 유전자조작작물인 유채 씨에서 짜내지만, 최종 식용유에는 기름 성분만 있고 GMO 단백질은 들어있지 않다. 이 때문에 GMO를 따로 표기하지 않는다.

소포장 제품에는 표기 제외 커피믹스나 껌, 캔디처럼 작은 제품의 개별 포장지에는 원재료명을 표기하지 않아도 된다. 껌 하나에도 무수한 첨가물이 들어있지만, 표시가 없어 첨가물 섭취를 간과하는 경우가 많다. 큰 겉 포장에만 표기가 되어있다.

포장한 날짜가 제조 일자 유통기한도 주의해서 봐야 한다. 마트에서 즉석조리한 제품은 조리 날짜가 아니라 팩에 담아 포장한 날짜가 제조 일자가 된다. 일부 양심 불량 마트에서는 팔고 남은 반찬이나 식품을 폐기하지 않고, 새로 만든 재료와 섞어 버무린 다음 양념을 묻혀 다시 포장하기도 한다. 팩에 찍힌 제조 일자가 무의미해지는 것이다. 따라서 마트에서 즉석조리 제품을 살 때는 반드시 식품 아래 면까지 들여다보고 상태가 괜찮은지 확인 후 구입해야 한다. 냉동 수산물도 마찬가지로 포장 날짜가 제조 일자다. 몇 년 전에 들여와 창고에 쌓아둔 냉동 생선이 어제 포장되었다면 제조 일자는 어제로 표기된다.

큰 글씨 표기 주의 식품 표기를 볼 때 큰 글씨에 현혹되지 말아야 한다. 표 6을 보자. 정제수, 백설탕 다음에 갑자기 '포도 농축액'에서 글씨 크기가 두 배 이상 커진다. 소비자들은 큰 글씨로 쓰여 있으면 해당 성분이 많이 들어있다고 생각하기 쉽다. 하지만 글씨 크기와 함량은 아무 관계가 없다. 단지 식품업체가 자랑하고 싶은 내용을 큰 글씨로 표기하는 것뿐이다.

표 6 대기업 저가 브랜드에서 생산된 포도 주스

원재료명
정제수, 백설탕, 포도 농축액(포도과즙 40%, 스페인산), 구연산, 합성 착향료(포도향), 캐러멜색소, 비타민C

이 제품은 '포도' 주스라는 이름이 부끄럽게도, 포도과즙보다 물과 설탕이 더 많이 들어있다. 드러내고 싶지 않은 성분은 작게 쓰고, 강조하고 싶은 성분만 크게 쓰면서 소비자를 혼란스럽게 한다. 모든 글씨를 똑같은 크기로 하던지, 아니면 논란이 되는 물질을 더 크게 표기해야 하는 것이 아닌가 싶다.

無첨가 표기 주의 무첨가 표시 또한 주의해야 한다. 식품업체들이 가장 많이 하는 무첨가 표시 항목은 'MSG, 아질산나트륨, 안식향산나트륨' 등이다. 식품업체는 소비자들이 기피하는 물질을 넣지 않았다고 표기하면서 훨씬 더 비싼 가격을 받는다. 하지만 이런 무첨가 제품이 오히려 좋지 않은 경우도 있다.

한 소비자단체에서 MSG 첨가물이 없다고 표기한 제품 12개를 무작위로 골라 분석해봤더니 8개 제품에서 MSG 대신 감칠맛을 내는 HVP가 검출되었다. HVP는 식물단백질 가수분해물로서, 유해 논란이 있는 또 다른 화학조미료다. MSG보다 덜 검증된 신생 물질을 쓰면서 가격은 더 비싸게 받은 셈이다.

합성보존료를 뺐다는 경우도 마찬가지다. 합성보존료 기능과 유사한 산도조절제를 넣고, 각종 색소와 향료를 사용한다. 무첨가 마크가 크게 쓰여 있다고 덥석 고르지 말아야 하는 이유다. 뒷면 표기를 살펴보고 첨가물의 총개수가 기존 제품과 비슷하면 굳이 비싼 것을 살 필요가 없다.

'무', '저', '고', '강화', '첨가', '감소' 등의 영양 강조 표시도 주의해야 한다. 제품에 함유된 영양소의 양이 일정 기준보다 적거나 많으면 '저지방·고칼슘·무설탕' 같은 표기를 한다. 그러나 '무설탕' 식품에 설탕보다 더 해로운 액상과당(설탕보다 저렴하면서도 단맛이 훨씬 강한 첨가물)이 포함된 경우가 대다수다. 포도당이나 올리고당을 넣기도 한다. '통곡물'이라고 대문짝만하게 쓰인 시리얼 제품도 원재료명을 살펴보면 98%가 밀가루나 설탕이고 나머지 2%만 통곡물인 경우도 있다.

개인적으로 제품 표면에 쓰인 무첨가, 무설탕 같은 표기는 무시하는 편이다. 식품업체가 강조하고 싶은 문구만 쓰여 있어 오히려 판단을 흐리게 한다. 뒷면에 적힌 원재료명 표기를 정확하게 읽는 것만이 좋은 제품을 고를 수 있는 지름길이다.

PART 2

식품의 함정을 피하고 싶다면 꼭 읽자, '영양 성분'

01 영양 성분 표에서는 무엇을 봐야 할까?

원재료명 다음으로 체크해야 할 것이 영양 성분 표다. 영양 성분 표는 보통 원재료명 표 옆이나 밑에 배치돼 있으며, 표 7과 같이 작성돼 있다. 이것를 보고 "우리 아이가 탄수화물, 단백질, 지방, 콜레스테롤 등을 하루 기준치와 비교해 이만큼 섭취하겠구나."라고 생각하면 된다. 영양 성분 표를 보는 순서는 다음과 같다.

표 7 영양 성분 표 예시

영양 성분	총 내용량 90g 30g당 150Kcal			
30g당		1일 영양 성분 기준치에 대한 비율	총 내용량당	
나트륨	200mg	10%	610mg	31%
탄수화물	18g	6%	55g	17%
당류	1.8g	2%	5g	5%
지방	8g	15%	24g	44%
트랜스지방	0g		0g	
포화지방	2.5g	17%	7g	47%
콜레스테롤	0mg	0%	0mg	0%
단백질	2g	4%	6g	11%
칼슘	53mg	8%	160mg	23%

1단계

'총 내용량'과 '1회 내용량' 확인

1회 내용량이란 '한 번에 먹는 양'이고, 총 내용량은 제품 한 봉지에 든 모든 양을 말한다. 표 7에서 1회 내용량은 30g, 총 내용량은 90g인 것을 확인할 수 있다. 1회 내용량은 하루 2,000kcal를 섭취하는 사람을 기준으로 통상 1회 섭취하기 적당한 양을 말한다. 식품의약품안전처가 정한 기준 범위에서 제품 크기, 포장 단위 등을 고려해 업체가 자율적으로 정하게 되어있다. 최근에는 표 7처럼 1회 내용량을 왼쪽에, 총 내용량을 오른쪽에 같이 배치해 놓는 업체들이 많아지고 있다. 그러나 여전히 총 내용량을 표기하지 않고 1회 내용량만 표기하거나 100g 당 영양성분을 같이 표기하는 경우도 있으니 주의가 필요하다.

2단계

칼로리 확인

세부 영양소를 확인하기 전에 먼저 열량(kcal)을 확인한다. 보통 표의 가장 위나 앞쪽에 표시돼 있다. 표 7 과자의 경우 언뜻 보기에 150kcal인 것처럼 보이지만, 이는 과자 3분의 1인 30g을 먹었을 때의 얘기다. 과자는 한 번 손에 들면 봉지 째 다 먹는 경우가 대부분이므로 한 봉지를 기준으로 환산해서 생각해야 한다. 따라서 한 봉지의 총 열량은 3을 곱한 450kcal가 된다.

연령별 일일 섭취 권장 칼로리는 만 1~2세는 1,000kcal, 만 3~5세는 1,400kcal, 만 6~8세는 1,700kcal(여아는 1,500kcal), 만 9~11세는 2,100kcal(여아는 1,800kcal), 30대 성인 남성은 2,400kcal, 여성은 1,900kcal가 기준이다(표 8 참고). 아이가 과자 한 봉지를 다 먹은 경우 하루 권장 칼로리의 30~40%를 섭취하는 것으로 생각하면 된다. 한 끼 식사만큼의 칼로리를 과자 한 봉지로 섭취하게 되는 것이다.

3단계

영양소 함량 확인

칼로리 표기 아래쪽에는 영양소 함량이 표기돼 있다. 탄수화물, 당류, 단백질, 지방, 포화지방, 트랜스지방, 콜레스테롤,

나트륨까지 8가지는 필수적으로 표시해야 하고, 그밖에는 업체에서 강조하고 싶은 내용을 표시한다. 하루 2,000kcal를 먹는 사람을 기준으로 했을 때 나트륨은 하루 1,500mg, 지방은 44.4g, 포화지방은 17.8g, 콜레스테롤은 300mg 이하로, 탄수화물은 285g, 단백질은 50g 정도 섭취해야 한다. 가공식품을 통한 첨가당 섭취는 25g 이하여야 한다. 초등학교 고학년 여자 어린아이의 일일 권장 에너지 섭취량이 2,000kcal다. 나이가 어릴수록 이 수치보다 낮게, 나이가 많으면 조금 많게 생각하면 된다. 남자아이는 여자아이보다 약간 더 많이 먹어야 한다(표 8 참고).

많이 먹는 것을 경계해야 할 영양소는 당류, 지방, 콜레스테롤, 나트륨이다. 그러나 우리나라는 대표적인 당, 나트륨 과다 섭취 국가로 첨가당과 나트륨의 하루 평균 섭취량이 각각 44.7g, 3,669mg이다. 세계보건기구(WHO)의 최신 권고 섭취량(당 25g, 나트륨 2,000mg)을 웃돈다. 반대로 더 많이 먹도록 노력해야 할 영양소는 칼슘, 단백질 정도다. 우리나라 국민의 70%는 칼슘을 권장량의 75% 미만으로 섭취하고 있다. 따라서 영양성분 표를 볼 때는 이들 영양성분을 위주로 살펴보면 좋다.

표 8 우리 아이 영양소 1일 섭취 기준표

나이	성별	에너지	단백질	칼슘	철	포화 지방	나트륨	첨가당
		kcal, 필요 추정량	g, 권장 섭취량	mg, 권장 섭취량	mg, 권장 섭취량	g, 상한량	mg, 충분 섭취량	g, 상한량, WHO (새 권고안 기준)
6~11개월		700	15	300	6	–	370	8.8
만 1~2세		1,000	15	500	6	–	900	12.5
만 3~5세		1,400	20	600	6	12.4	1,000	17.5
6~8세	남	1,700	30	700	9	15.1	1,200	21.3
	여	1,500	25	700	8	13.3	1,200	18.8
9~11세	남	2,100	40	800	10	18.7	1,400	26.3
	여	1,800	40	800	10	16	1,400	22.5
12~14세	남	2,500	55	1,000	14	22.2	1,500	25
	여	2,000	50	900	16	17.8	1,500	25
15~18세	남	2,700	65	900	14	24	1,500	33.8
	여	2,000	50	800	14	17.8	1,500	25

* 보건복지부 2015년 발표 자료를 토대로 소비자가 알기 쉽게 재정리
* 주황색-아이들에게 부족하기 쉬운 영양소
* 검은색-섭취에 주의를 기울여야 하는 영양소
* 첨가당은 설탕, 액상과당, 물엿, 당밀, 꿀, 시럽 등 식품에 자연적으로 존재하는 당이 아닌 첨가해서 먹는 당을 가리킴. 주로 가공식품을 통해 섭취하는 경우가 많음.

4단계

1일 영양 성분 기준치에 대한 비율 확인

1회 내용량과 총 내용량 옆에 하루 권장량 또는 1일 영양 성분 기준치에 대한 섭취 비율이 '%'로 표기돼 있다. 나 같은 경우 3단계에서 설명한 g이나 mg으로 표기된 함량은 지나치듯

보고, 이 섭취율을 가장 유심히 보는 편이다.

표 7 제품에는 1회 분량인 30g당 나트륨이 '200mg(10%)'이라고 표기돼 있다. 한 봉지가 아닌 1회분(3분의 1봉지)을 먹었을 때 하루 나트륨 권장량의 10%를 먹게 된다는 뜻이다. 한 봉지를 다 먹었을 때는 610mg을 섭취하게 돼 하루 권장량의 31%가 된다. 이처럼 1일 영양 성분 기준치에 대한 비율을 보면 권장량 대비 얼마큼 먹는지를 쉽게 파악할 수 있다.

특히 어린이가 먹을 때 주의가 필요하다. 대부분의 제품은 하루 섭취 칼로리가 2,000kcal인 사람을 기준으로 1일 영양 성분 기준치에 대한 비율을 표기해 놓았다. 앞서 설명했듯 초등 고학년 여자아이의 권장 섭취 칼로리가 하루 2,000kcal로, 어른과 유아의 중간 정도이다. 이 섭취 기준으로 %를 산출했으므로 필요 열량이 그보다 적고(만 1~2세는 1,000kcal, 만 3~5세는 1,400kcal, 만 6~8세는 약 1,700kcal(여아는 1,500kcal)) 체표면적도 작은 유아의 경우 다르게 생각해야 한다. 하루 나트륨 섭취 비율이 31%라고 표기돼 있으면 '우리 아이는 40~50%는 섭취하게 되겠구나'라고 생각하면 된다.

칼럼

0%는 진짜 0%가 아니다?

영양 성분 표에 지방이나 콜레스테롤이 '0%'로 표기돼 있으면 안심하고 사는 사람이 많다. 하지만 0%가 진짜 0%는 아니다. 열량의 경우 5kcal 미만, 나트륨은 5mg 미만, 탄수화물·당류·단백질·지방·포화지방은 0.5g 미만, 트랜스지방은 0.2g 미만, 콜레스테롤은 2mg 미만이면 0%로 표기할 수 있기 때문이다. 즉, 제로 칼로리라고 표기되어 있더라도 열량이 4.9kcal일 수 있다는 얘기다.

특히 트랜스지방 같은 부정적 인식이 강한 성분은 최대한 0%로 표기하려고 꼼수를 쓰는 경우가 많다. 과자의 경우 1봉지를 2회나 3회 분량으로 나눠 영양 성분을 표기하는 방법을 사용한다. 1봉지를 다 먹으면 트랜스지방이 0.2g 이상이지만 2회 분량으로 나누면 1회 분량이 0.2g 미만이 돼 0%로 표기할 수 있기 때문이다.

따라서 '0%' 표기를 보고 무조건 좋다고 생각하면 안 된다. 해당 영양소가 전혀 함유되지 않았다면 항목 표기를 아예 생략하거나 '없음' 혹은 '-'로 표기하므로 차이점을 잘 알아두자.

02 영양 성분 기초 알아두기

영양 성분 표에서 특히 주의 깊게 봐야 할 것이 단백질, 지방, 탄수화물(당류), 나트륨, 콜레스테롤이다. 단백질은 많이 들어있고, 나머지는 적게 든 것일수록 좋은 제품이다. 유아기에 섭취해야 할 적정량과 섭취 시 주의점 등을 정리했다.

단백질 유아기에 필요한 하루 단백질(권장 섭취량)은 만 1~2세의 경우 약 15g, 만 3~5세는 20g, 만 6~8세는 30g, 만 9~11세는 40g, 만 12~14세는 55g 정도다. **아이들은 성장 속도가 빠르기 때문에 단백질을 잘 공급해주어야 한다.**

단백질은 새로운 조직을 합성하며 면역체계를 유지하는 데 핵심 역할을 한다. 상처 회복을 빠르게 하고 기억력과 사고력 등 인지발달에도 관여한다. 성장을 위해서는 새로운 조직 1kg당 단백질 1~4g이 필요한데 이는 체중, 성장 속도 등에 따라 조금씩 다르다.

그렇다면 단백질을 가장 쉽게 섭취할 수 있는 식품은 뭘까. 쇠고기다. 양질의 단백질과 비타민A, B1, B2, 철분이 듬뿍 들어있고 성장에 필요한 필수아미노산 8종류도 모두 포함돼 있다. 또한 단백질 흡수율이 80% 이상으로, 콩 같은 식물성 단백질 흡수율(50~70%)보다 더 높다. 철분 흡수도 쉽다.

곡류와 채소류에서도 많은 양의 단백질을 섭취할 수 있다. 농촌진흥청의 식품영양평가표를 토대로 육류를 제외한 곡류·콩류·채소류·생선류·과일류 중 단백질이 비교적 높은 식품을 추려봤더니 곡류 중에는 백미의 단백질 함량이 가장 높았다. 그러나 백미는 GI 지수(당지수)가 높아 만성질환을 불러일으킬 위험이 있다. 아이들에게 밥을 먹일 때는 흰쌀과 현미의 비율을 2대 1 정도로 맞추는 게 좋다. 이렇게 지은 밥 한 공기로 약 4.8g의 단백질을 섭취할 수 있다. 여기에 콩을 넣는 것도 추천한다. 콩은 단백질의 보고다. 대두 노란 콩과 서리태가 콩류 중 단백질 함량이 높은 편에 속한다(콩 20~25개당 단백질 2.4g). 이렇게 하루 두 끼를 먹으면 약 14g의 단백질을 섭취하게 된다.

채소 중에서도 단백질 함량이 높은 게 있다. 브로콜리(엄지손

가락 크기 4개당 약 3.6g), 무시래기(반 주먹 당 약 1.8g), 콩나물(반 주먹 당 약 1.4g), 시금치(1/4 주먹 당 약 1.4g), 느타리버섯(1/4 주먹 당 약 0.8g) 등이 대표적이다. 이중 반찬으로 꼭 한두 가지씩 섭취하면 좋다. 두부도 빠질 수 없다. 채식 반찬 중 가장 높은 단백질을 함유하고 있어 꼭 챙겨 먹어야 한다. 두부 한 모에 약 18g의 단백질이 들어있다. 다양하게 조리해 먹으면 좋다.

어패류는 육류와 비교해 단백질 함량이 절반에도 못 미치지만, 그중에도 꽤 높은 것들이 있다. 고등어·장어·오징어·새우가 대표적이다. 특히 새우는 중지 손가락만한 것 4개만 먹어도 약 32g의 단백질을 섭취할 수 있다. 콜레스테롤이 높다고 새우를 피하기도 하는데, 이 정도 양은 문제가 되지 않는다. 고등어는 몸통 절반에 약 24.2g, 오징어는 3분의 2 정도에 약 15g, 장어는 3분의 1 정도에 약 19.7g의 단백질이 들어있다.

아이들 간식으로는 과일과 견과류를 활용하자. 과일이라고 단백질이 전혀 없는 것은 아니다. 참외는 개당 약 6g, 수박은 네 조각에 약 3.2g의 단백질이 들어있다. 방울토마토(12개 약 1.6g)와 귤(개당 약 1.1g)에도 소량의 단백질이 있다. 견과류 중 아몬드는 23개에 약 6g, 호두는 8개에 약 3g의 단백질이 포함돼 있다. 조금 더 욕심을 부리자면 그릭 요거트(개당 약 6g)와 치즈(2장, 약 7.4g), 우유(200ml 당 약 5.6g) 등의 섭취를 추천한다.

지방 지방은 무조건 나쁘다고 생각하는 부모가 많은데, 꼭 그렇지는 않다. 지방은 고효율의 에너지 저장고다. 탄수화물과 단백질 형태로는 1g당 4kcal의 에너지를 저장하지만 지방은 9kcal를 저장할 수 있다. 또한 몸의 열을 보전하고 간·위·폐 등 주요 장기를 둘러싸고 보호한다. 게다가 지용성 비타민인 A·D·E·K의 흡수를 도와 몸 곳곳으로 영양소를 운반한다. 지방은 세포와 두뇌의 구성 성분이기도 하다.

단, 좋은 지방과 나쁜 지방을 구분해야 한다. 나쁜 지방은 포화지방이다. 포화지방은 실온에서 고체상태인 지방이라고 생각하면 된다. 혈중 콜레스테롤 수치를 높여 동맥경화와 심장병, 뇌졸중 등의 위험을 높인다. 어릴 때부터 포화지방과 콜레스테롤이 함유된 식품을 먹으면 서서히 혈관이 막혀 심혈관질환이 일찍 찾아올 수 있다. 포화지방은 육류의 지방 부분, 닭껍질, 버터, 과자와 초콜릿, 라면 등에 든 팜유에 많다.

또 하나의 나쁜 지방은 트랜스지방이다. 트랜스지방은 식물성 기름을 쓰기 쉽게, 고체로 만드는 과정에서 생성된 것이다. 고체 기름인 마가린, 쇼트닝으로 만든 케이크, 도넛, 가공 초콜릿에 많다. 감자튀김, 팝콘, 파이, 쿠키, 치킨, 피자, 햄버거 등 기름지면서 고소한 식품에 다량의 트랜스지방이 들어있다. 트랜스지방은 체내에서 나쁜 콜레스테롤(LDL) 수치를 높이고, 좋은 콜레스테롤(HDL) 수치는 낮춰 포화지방보다 훨씬 유해하다. 지방조직에 축적돼 지방 대사를 정체시키고 적혈구와 미토콘드리아 등의 기능을 감퇴시킨다. 협심증, 뇌경색, 동맥경화 등의 심혈관질환 외에 암, 당뇨병, 알레르기 질환도 일으키는 것으로 보고됐다.

반대로 건강에 이로운 좋은 지방은 불포화지방이다. 불포화지방으로는 오메가9, 오메가6, 오메가3가 있다. 오메가3는 섭취 비율이 높아야 좋다. **오메가9은 올리브유와 해바라기유에, 오메가6는 옥수수유와 면실유에, 오메가3는 고등어, 들기름, 아마씨유 등에 풍부하다. 따라서 들기름과 고등어는 따로 챙겨 먹으려고 애써야 한다.**

불포화지방과 포화지방의 이상적인 섭취 비율은 2대 1이다. 포화지방은 고기류를 먹을 때 자연적으로 섭취하므로 따로 신경 쓰지 않아도 된다. 오히려 줄이는 게 좋다. 아이들에게 불포화지방이 많은 식품을 따로 챙겨주고, 포화지방이 많은 가공식품은 적게 주도록 신경 써야 한다.

탄수화물(당류) 탄수화물은 몸을 움직이고 두뇌를 사용하는 데 쓰이는 기본 연료이다. 탄수화물이 부족하면 뇌에 에너지 공급이 안 돼 기억력과 사고력이 떨어진다. 또 혈당이 떨어지면 신경이 예민해지고 스트레스에 취약해진다. 탄수화물은 쌀을 비롯해 고구마, 감자, 옥수수, 밀, 채소, 과일 등 식물성 식품에 많다. 하지만 탄수화물 중에서도 좋은 탄수화물과 나쁜 탄수화물이 있어 가려 먹어야 한다.

탄수화물을 제대로 이해하기 위해서는 우선 종류를 알아야 한다. 탄수화물은 작은 단위인 단당류가 사슬처럼 연결된 형태를 띠고 있는데, 이 단당류의 결합 방식에 따라 단당류, 이당류, 올리고당류, 다당류로 나눠진다. 대표적인 단당류가 포도당, 과당, 갈락토오스 등이다. 몸에 흡수되면 바로 신진대사를 통해

에너지로 쓰인다. 이당류는 단당류 2개가 짝을 이룬 것이다. 자당(포도당+과당), 유당(포도당+갈락토오스), 맥아당(포도당+포도당)이 있다. 올리고당류는 단당류 3~10개로 구성된다. 다당류는 단당류가 10개 이상 연결된 형태다.

이들 중 아이들에게 주의해서 먹여야 할 것이 단당류와 이당류다. 이들을 보통 '단순당'이라고 통칭해 부르는데, 혈당을 빨리 올리고 급격히 떨어지게 하는 공통점이 있다. 이런 단순당을 많이 섭취하면 쉽게 허기져 총 음식 섭취량이 늘어날 수 있다. 아이들의 경우 성격이 산만해진다는 연구도 있다. 단순당은 꿀, 과일 등 천연 식품에도 많지만, 백미, 흰 밀가루, 백설탕 등 정제를 거친 식품과 과자, 케이크, 사탕, 초콜릿, 탄산음료에도 많이 들어가 있다. 반면 올리고당류(대두, 완두콩, 렌즈콩 등에 포함)와 다당류(현미·통밀·보리·옥수수·콩·감자 등의 전분, 동물의 간에 든 글리코겐, 현미·보리·고구마·콩 등에 든 식이섬유)는 체내에서 흡수되는 시간이 길어 혈당을 급격히 올리지 않는다. 포만감을 오래 유지해 배가 빨리 꺼지지 않아 체중 조절에 유리하다.

아이들의 하루 탄수화물 섭취 권장량은 300g 정도다. 쌀밥

한 공기에는 68.6g의 탄수화물이 들어있다. 하루 세 그릇 밥과 반찬만 제대로 먹으면 탄수화물은 따로 섭취하지 않아도 된다. 이는 밥 이외에 탄수화물을 섭취하면 그대로 저장돼 뱃살로 이어진다는 뜻이기도 하다. 아이들이 좋아하는 과자, 초콜릿은 탄수화물 덩어리다. 그것도 대부분 단순당으로 이뤄져 있다. 과자를 간식으로 주면 안 되는 이유다.

간식류는 될 수 있는 대로 단백질 비율이 높은 치즈, 요거트, 우유 등을 챙겨주는 것이 좋다. 만약 탄수화물을 줘야 한다면 감자, 고구마 등 가공하지 않은 식품을 선택한다. 과일도 식이섬유가 제거돼 단순당만으로 이뤄진 주스 형태보다는 식이섬유를 함께 섭취할 수 있는 형태가 좋다.

콜레스테롤 콜레스테롤은 어떤 단백질과 합쳐지느냐에 따라 좋은 것과 나쁜 것으로 나뉜다. HDL(고밀도지단백)과 합쳐지면 혈액에서 간으로 이동하고, LDL(저밀도지단백)과 합쳐지면 간에서 혈액으로 운반된다. 몸에 나쁜 것은 LDL과 합쳐진 콜레스테롤이다. 혈관 벽을 점점 딱딱하게 만들어 동맥경화 등의 질병을 일으킨다. LDL을 높이는 음식은 포화지방과 트랜스지방이다.

앞에서도 설명했듯 포화지방이 많은 음식은 육류의 지방 부분, 닭 껍질, 버터, 과자와 초콜릿, 라면 등이다. 트랜스지방은 감자튀김, 팝콘, 파이, 쿠키, 치킨, 피자, 햄버거 등에 많이 들어 있다. 모두 고소하고 기름진 음식들이다. 최근 동맥경화 등의 심혈관질환 발병 나이가 점점 낮아지고 있다. 어릴 때부터 이런 식품의 섭취를 최대한 줄여줘야 깨끗한 혈관을 유지할 수 있다.

나트륨 적절한 나트륨은 우리 몸의 전해질 균형을 이룬다. 하지만 과다 섭취할 경우 혈압을 높여 만성질환의 불씨가 된다. 우리나라 어린이들의 나트륨 섭취량은 너무 많다. 초등학생의 하루 평균 소금 섭취량은 8.6g, 취학 전 아이도 4.8g이나 된다. 정상적인 몸의 기능을 위해 필요한 소금은 1.3g에 불과하다. 현재 우리나라 식약처에서는 소금을 하루 5g(나트륨으로는 2g) 이내로 섭취하도록 권장(성인 기준)하고 있다. 그 양은 티스푼 하나 이하이다.

어린 아이의 나트륨 섭취량 제한은 더욱 중요하다. 어릴 적 입맛이 평생 영향을 주기 때문이다. 짠맛에 익숙해지면 고혈압, 동맥경화, 비만 등으로 이어져 어린 나이부터 성인병에 시달리게 된다. 나트륨은 칼슘을 몸 밖으로 배출시키기 때문에 뼈 건강에도 좋지 않다.

가공식품 중에서는 칼국수, 라면, 우동, 어묵, 햄, 피자, 소시지, 베이컨, 감자 칩, 치즈, 단무지 등을 조심해야 한다. 칼국수는 한 그릇에 무려 2.9g의 나트륨을 함유하고 있다. 한 그릇만 먹어도 1일 권장량을 초과한다. 즐겨 먹는 짭짤한 과자 역시 한 봉지만 먹어도 1일 권장량의 40~50%에 달하는 나트륨을 섭취하게 되므로 조심해야 한다. 또한 가공식품을 많이 먹는 아이에게는 마그네슘이 많은 식품을 섭취하도록 도와주어야 한다. 마그네슘이 나트륨을 배출시키는 역할을 하기 때문이다. 도정하지 않은 곡물, 녹황색 채소, 우유, 육류, 견과류, 바나나, 무화과 등에 마그네슘이 풍부하다.

PART 3

유제품, 얼마나 알고 먹나?

01 어떤 우유를 골라야 할까?

어린 자녀가 있는 집에서 매번 사는 식품이 바로 유제품이다. 우유, 치즈, 요거트 등의 유제품은 단백질 비율이 높다. 고기류보다 싸면서도 먹이기 간편해 단백질 섭취 면에서 가성비가 좋다. 하지만 고를 때마다 고민이 되는 게 사실이다. 너무 많은 선택지가 소비자를 기다리고 있기 때문이다.

아이에게 우유를 먹이는 이유는 여러 가지가 있겠지만 단백질과 칼슘 섭취를 위해 선택하는 경우가 가장 많다. 실제 우유의 단백질은 200ml 한 팩당 약 5.6g으로, 하루에 섭취해야 할 단백질(만 5세 기준 20g)의 28%를 충족하는 좋은 공급원이다. 칼슘 역시 182mg 정도로, 하루 권장량 600mg의 3분의 1을 충족할 수 있다. 멸치 반찬 반 주먹 52.6mg보다 훨씬 많은 양이다. 게다가 비타민A와 각종 미네랄 등도 풍부하다.

그렇지만 너무 많이 마시는 것은 추천하지 않는다. 현재 소아과학회에서는 하루에 우유를 두 컵 마시도록 권장하고 있다. 하루 세끼 밥과 반찬을 통해 어느 정도 단백질과 칼슘 섭취가 가능하므로, 우유는 하루 두 컵만 간식으로 마시면 된다. 우유에는 지방과 콜레스테롤, 인 성분도 많은 편이라 과잉 섭취 시 오히려 성장에 해가 될 수 있다. 하루 한 잔, 많으면 두 잔 정도 꾸준히 마시는 게 가장 적당하다.

그렇다면 어떤 제품을 골라야 할까. 특정 성분을 강화한 프리미엄 우유를 살펴보자. DHA·칼슘·철·비타민D 등을 강화한 우유가 있다. 두뇌 발달에 좋다는 DHA 우유를 보면 사주고 싶은 게 부모 마음이다. 뼈를 튼튼하게 하고 키가 크는 데 도움을 준다는 칼슘 우유도 잘 팔리는 제품 중 하나다. 그러나 개인적으로 이렇게 특정 성분을 강화한 우유에는 부정적이다. 필수적으로 함께 넣게 되는 첨가물 때문이다.

DHA가 강화된 우유는 DHA가 원래부터 많았던 것이 아니라, 일반우유에 이런 물질을 첨가해 만든다. 우유에 강화된 성분이 잘 섞이지 않아 부수적으로 유화제 등 각종 첨가물을 넣을 수밖에 없다. 많게는 10여 가지 첨가물이 포함된 제품도 있다. 칼슘·비타민D·철분 등을 강화한 우유도 마찬가지다. 식품 표기(표 9~표 10 참고)를 잘 보면 우유 외에 각종 첨가물이 포함돼 있다. 물론 안전한 수준이겠지만 안전한 것과 건강한 것은 다르다. 예민한 아이가 첨가물이 들어간 음료나 과자를 먹으면 배앓이를 한다는 것이 소아과 의사들의 의견이다. 우유도 마찬가지다.

표 9 영양강화우유 성분 표

원재료명 및 함량
국산 원유 99.8%(세균수 기준 1급A), 칼슘혼합제제탄산칼슘, 대두식이섬유), 구연산철암모늄, 식용건조효모, 클로렐라추출물, 아연혼합제제(산화아연, L-라이신염산염, 글리신, 비타민C), 비타민A혼합제제(비타민A아세테이트, 비타민E, 아라비아검, 전분, 자당, 제삼인산칼슘), 비타민D3혼합제제(비타민D3, 비타민E, 아라비아검, 코코넛오일, 전분, 자당, 제삼인산칼슘), 비타민E혼합제제(디엘알파토코페릴아세테이트, 유당, 카제인, 글리세린모노스테아레이트, 제삼인산칼슘), 비타민B1, 니아신아미드

표 10 딸기우유 성분 표

원재료명 및 함량
저지방 우유(국산) 또는 한원 저지방 우유(국산) 75.7%, 정제수, 액상과당, 정백당, 포도당, 딸기농축과즙(딸기과즙 1.0%, 국산), 합성 착향료(딸기향)

표 11 일반우유 성분 표

원재료명 및 함량
국산 원유 100%

효과가 있으면 좋지 않겠냐고 생각할 수도 있다. 하지만 우

유에 든 DHA 함량은 보통 200mL(작은 한 팩)당 약 1~5mg이다. 미국립보건원의 DHA 하루 권장 섭취량은 200mg(유아 기준)이다. DHA 우유로 권장량을 채우려면 하루에 40~200팩 정도 먹어야 한다. 비싼 강화우유를 먹느니 생선 한 조각, 호두 몇 알 혹은 건강기능식품으로 보충하는 게 더 낫다.

칼슘 강화우유는 어떨까. 보통 한 잔에 칼슘 300mg 정도가 들어있다. 일반 식사로도 칼슘을 섭취하니 흰 우유 한 잔(200ml에 약 200mg 함유)이면 충분하다. 비싼 돈을 내고 첨가물까지 든 칼슘 강화우유를 굳이 사 먹일 필요는 없을 것 같다. 단, 우유를 싫어해 하루 한 잔 겨우 먹는 아이, 또는 멸치나 잎채소 등 칼슘이 든 반찬을 유난히 싫어하는 아이라면 칼슘 강화우유를 고려해도 좋다. 우유는 흡수력·함량 면에서 칼슘을 섭취할 수 있는 가장 효율적인 식품이기 때문이다.

둘째로 고민하는 것이 친환경 우유에 관한 부분이다. 우선 무항생제 우유를 보자. 1.5~2배 더 비싼데 꼭 사야 하나 고민이 된다면 굳이 권하지 않는다. 현재 우리나라에서 생산된 모든 우유는 법적으로 출하 전 항생제 검사를 하게 되어있다. 항생제를 쓰더라도 반드시 휴약 기간을 둬 최종 제품에 항생제가 기준치 이상 남지 않도록 한다. 더군다나 무항생제 제품 역시 항생제가 전혀 남아있지 않는 것이 아니다. 일반우유보다 기준치가 조금 더 낮을 뿐이다.

단, 자연 목초지에서 생산된 우유는 경제적인 여유가 된다면 권할 만하다. 제주나 강원 등 특정 목초 지대에서 생산된 우유가 대표적이다. 개인적으로도 경제적인 여유가 있는 달에는 자연 목초지 우유를 먹인다. 스트레스를 받지 않고 자란 소의 우유와 일반우유의 화학적 조성은 같다. 칼슘·비타민·단백질 등 영양소 차이도 없다. 하지만 우유의 호르몬 성분에 다소 차이가 있다. 모유 수유를 할 때 엄마가 행복해야 건강한 젖이 나오는 것과 마찬가지다. 좁은 사육장 안에서 자란 젖소의 우유에는 스트레스 호르몬이 다량 섞여 있을 수 있다. 스트레스 호르몬은 염증 유발 물질로, 아이가 먹었을 때 체세포에 영향을 미칠 가능성이 높다. 안타까운 사실은 우리나라 유가공법에 우유의 호르몬을 측정하는 항목이 없다는 것이다. 스트레스 호르몬은 우유를 짜는 시기에 따라 달라져 일률적으로 측정할 수 없다. 단지 넓은 목장에서 자란 젖소에게서 스트레스 호르몬이 덜 나올 것이라는 추측이 가능할 뿐이다. 경제적 여유가 있고, 프리미엄 우유를 먹이고 싶다면 방목하며 기르는 농장에서 나온 우유를 선택하는 것이 좋다.

유기농 우유는 어떨까. 유기농 우유란 유기농 사료(화학비료나 농약을 사용하지 않은 사료)를 먹인 소에게서 얻은 우유를 말한다. 유기농 우유 생산 축사는 일반우유를 생산하는 축사보다 넓다. 젖소가 마음껏 풀을 뜯어 먹을 수 있도록 일정 넓이 이상의 초지를 갖추어야 한다. 또한, 2급수 이상의 생활용수, 중금속 토양 오염 기준, 치료할 때 전담 수의사의 처방 등 여러 조건을 만족시켜야 한다. 생산과 관리에 돈이 많이 들어가기 때문에 가격이 1.5~2배 정도 더 비싸다. 유기농 사료를 먹이면 우유에도 농약이나 항생제 성분이 덜 나올 수 있다. 하지만 일반우유도 농약이나 항생제 성분이 나오지 않도록 법적으로 관리하고 있으므로 굳이 항생제 때문에 유기농 우유를 먹일 필요는 없다. 프리미엄 우유를 먹이고 싶다면 목초지에서 키운 젖소에게서 나온 우유 정도면 충분하다. 단, 주변 슈퍼에서 목초지 우유를 찾을 수 없을 때 유기농 우유를 선택하자. 스트레스 호르몬 걱정에서 그나마 자유로울 수 있는 우유는 목초지 우유와 유기농 우유, 둘뿐이다. 가격은 보통 유기농 우유가 가장 비싸고, 목초지에서 키운 우유가 조금 덜 비싸다.

최근에는 체세포 수도 이슈로 떠올랐다. 우유의 체세포 수는 젖소 건강을 나타내는 척도 중 하나다. 곰팡이나 세균으로 유방염에 걸렸거나 스트레스와 나이가 많은 젖소에게서 체세포 수가 많은 경향이 있다. 체세포 수 1등급은 원유를 생산하는 젖소가 균형적인 사료를 먹고, 청결한 사육장에서 자라 스트레스가 적다는 것을 의미한다. 하지만 체세포 수 등급은 반드시 표기해야 할 사항이 아니기 때문에 1등급 원유를 쓰더라도 표기하지 않는 제품도 있다. 낙농진흥회 자료에 따르면 국내 유통 원유의 56.7%가 체세포 수 1등급, 35.9%가 체세포 수 2등급에 해당한다. 유통되는 원유의 92.6%가 체세포 수 정상 범위에 들어간다는 것이다.

마지막으로 저지방 우유는 어떨까. 우유의 가장 큰 단점 중 하나가 포화지방이 많다는 것이다. 저지방 우유를 먹으면 포화지방을 다소 덜 섭취할 수 있다. 가공식품에 많이 노출되기 시작하는 5세 이후의 아이, 특히 과자류를 좋아하는 아이에게는 가능한 저지방 우유를 먹이길 추천한다. 두 돌이 지나서부터 바로 저지방 우유를 먹이라는 의사도 꽤 있다.

사실 빡빡한 공장식 사육시설이 아닌 곳(제주, 강원 등)에서 믿을만한 규모의 회사가 생산한 일반 흰 우유만 먹어도 우유의 이점을 충분히 얻을 수 있다. 만약 내 아이가 먹고 있는 우유의 정보가 궁금하다면 우유 제조사에 전화를 걸어 어느 곳에서 생산하는지 확인해보자. 자신 있는 곳은 젖소가 자라는 목장의 견학을 허용하기도 한다. 이런 곳은 믿어도 된다. 단, 아이가 12~36개월 사이 체표면적이 아주 작을 때는 미량의 화학물질이나 호르몬에도 영향을 받을 수 있으므로 목초지에서 생산된 우유, 또는 유기농 우유 정도는 먹일 필요가 있다. 이후 경제 상황에 따라 목초지나 유기농 우유가 부담스럽다면 일반 흰 우유로 바꿔도 괜찮다.

02 치즈, 나트륨 체크가 필수!

어린이용 치즈 한 장의 단백질은 3g, 칼슘은 150mg 정도로 각각 일일 영양소 섭취 기준치 대비 15%, 25% 정도로 높다(3~5세 기준). 탄수화물 비율이 낮다는 점도 매력이다. 치즈의 아쉬운 점이라면 나트륨이 많고, 첨가물이 함유될 수밖에 없다는 것이다. 대표적인 첨가제인 산도조절제는 어린이용 치즈, 어른용 치즈에 모두 포함돼 있다. 하지만 좋은 점이 더 많으므로 매일 일정량의 치즈를 먹이는 것에 찬성한다.

표 12 일반 치즈

영양 성분	1회 제공량 1매(20 g) /총 20회 제공량(400 g)	1일 영양 성분 기준치에 대한 비율
열량	65 Kcal	
탄수화물	0g	0%
당류	0g	
단백질	4g	7%
지방	5.5g	11%
트랜스지방	0.5g 미만	
콜레스테롤	13mg	4%
나트륨	195mg	10%
칼슘	120mg	17%

표 13 어린이용 치즈

영양 성분	1매(18g)당 함량	1일 영양 성분 기준치에 대한 비율
열량	60Kcal	
나트륨	65mg	7%
탄수화물	1g	
당류	0g	
지방	5.0g	
트랜스지방	0.3g	
포화지방	3.5	
콜레스테롤	10mg	
단백질	3g	15%
칼슘	150mg	25%

일반 치즈의 나트륨 함량은 1장 당 195mg에 달한다. 표 12를 보면 1일 영양 성분 기준치에 대한 비율이 10%인 것을 확인할 수 있다. 이는 2,000kcal를 먹는 성인을 기준(나트륨 상한 섭취량 2,000mg)으로 한 비율이다. 하루 나트륨 충분 섭취량이 1,000mg인 3~5세 어린이는 일반 치즈를 단 한 장만 먹어도 하루 먹어야 할 기준치의 20%를 채우게 된다. 어렸을 때부터 나트륨에 많이 노출되면 짠맛을 선호하게 되고, 혈관을 조금씩 망가뜨려 성인병이 일찍 찾아올 수 있다.

따라서 치즈를 고를 때는 나트륨 함량을 제 1 선택 기준으로 삼아야 한다. 나트륨 함량이 적은 제품은 1매당 65mg인 것도 있다. 표 13의 어린이용 치즈를 보면 나트륨의 1일 영양 성분 기준치에 대한 비율이 7%(3~5세 나트륨 충분 섭취량인 1,000mg 기준 대비)인 것을 확인할 수 있다.

칼슘 강화 치즈는 그다지 권하고 싶지 않다. 칼슘을 강화하기 위해 첨가제를 더 넣어야 하고 나트륨 함량도 높은 편이기 때문이다. 일반 치즈에도 칼슘은 충분히 들어가 있다.

기자 엄마의 선택

나트륨이 가장 적게 표시된 어린이용 유기농 치즈를 먹이고 있다. 사실 유기농 여부는 치즈의 영양소나 품질에 거의 영향을 미치지 않는다. 하지만 나트륨을 저감화한 어린이용 치즈를 선택하려니 유기농밖에 없었다.

칼슘이나 비타민D 등이 강화된 제품은 사지 않는 편이다. 해당 영양소를 넣기 위해 그만큼 첨가물도 더 들어갔을 확률이 높기 때문이다. 일반 치즈 이외에 크림치즈(빵에 발라서 먹는 치즈)나 스트링 치즈(길쭉하게 생긴 치즈)도 될 수 있으면 먹이지 않는다. 나트륨 함량이 높고 첨가물이 더 많이 들어가 있다. 어린이용 치즈는 하루 2장 정도 간식으로 주면 적당하다.

03 원유 99% 요거트를 찾아라

요거트는 단백질과 칼슘 섭취에 최적인 식품이다. 보통 떠먹는 요거트 작은 1팩(90g)에 단백질 3~6g(하루 권장 섭취량의 15~30%), 칼슘 100~120mg(17~20%)이 포함돼 있다. 또한, 1팩당 유산균이 100억 마리 이상 들어있어 따로 유산균 제제를 먹이지 않아도 된다. 보통 건강기능식품이 하루에 유산균 100억 마리 이상을 먹게 되어있는데 좋은 요거트 한 팩이면 유익균을 충분히 섭취할 수 있다. 유익균은 행복한 감정과 집중력에 관여하는 세로토닌이 잘 분비되게 하고 면역력을 키우는 데 결정적인 역할을 한다.

때문에 요거트는 조금 더 꼼꼼하게 선택해야 한다. 그러나 마트에서 파는 대다수의 요거트가 우유만 발효시킨 전통 그리스식 요거트가 아니라 저가의 탈지분유, 유크림, 유화제, 보존료, 설탕과 향료를 듬뿍 넣어 맛을 냈다는 사실이 아쉽다. 딸기 맛이니 포도 맛이니 하는 요거트는 물에 값싼 유청 분말 등 각종 첨가물과 설탕, 향료를 섞어 만든 것이다. 저품질의 냉동 과일이나 가열한 과즙 농축액 등을 극히 조금 넣는 정도이니 되도록 먹이지 않아야 한다.

그럼 어떤 요거트를 선택해야 할까. 요거트 식품 표기에서 반드시 체크해야 할 포인트는 설탕 함유량, 첨가물 숫자다. 번거롭더라도 되도록 원유 99%에 유산균으로 발효한 제품을 선택해야 한다. 원재료명 및 영양 성분 표에 보면 '원유와 유산균만 들어있어요'라고 쓰인 제품이 있다. 열량도 65kcal로 낮아서 좋다.

아이에 따라 이런 요거트는 맛이 없다고 거부할 수도 있다. 그럴 때는 원당(설탕보다 고품질, 사탕수수에서 추출한 당)이 함유된 요거트 정도는 먹여도 괜찮다. 과일을 잘게 썰어 아이스크림같이 살짝 얼려 예쁜 그릇에 담아주면 아이가 좋아한다.

04 합성 감미료 가득한 '설탕물', 요구르트

요구르트는 굳이 따로 먹일 필요가 없다고 생각하는 식품이다. 유산균이 함유돼 있긴 하나 그걸 위해 각설탕 3개(요구르트 1개 당)와 각종 첨가물, 방부제, 유화제 등을 함께 먹인다고 생각하면 찝찝한 마음이 든다. 요구르트는 저급 탈지유와 혼합 탈지분유에 물을 섞고 액상과당, 포도당, 합성 감미료, 요구르트 향까지 첨가한 설탕물에 가깝다.

어린이용 요구르트도 크게 다르지 않다. 어린이용 요구르트로 '설탕을 넣지 않았어요'라고 쓰여있는 제품도 각설탕 2~3개 만큼의 당이 들어있다. 설탕 대신 더 나쁜 액상과당을 넣었기 때문이다. 액상과당은 혈당을 급격히 높이는 '나쁜 당'이다. 각종 영양소가 들어있다고 광고하지만, 화학 첨가물을 그만큼 많이 넣었다는 뜻이므로 꺼림칙하다. 당에 많이 노출되면 치아가 부식되고 비만으로 이어지기 쉽다. 되도록 처음부터 먹이지 않는 게 좋다.

칼 럼

딸기우유와 바나나 우유를 먹이면 안되는 이유

간혹 딸기우유나 바나나 우유를 쥐여주고선 우유를 먹였다고 흐뭇해하는 부모들이 있다. 하지만 딸기·바나나·초콜릿 우유에 설탕이 얼마나 많이 들어가는지를 알면 절대 사주지 않을 것이다. 제조사마다 약간의 차이는 있지만 200mL 딸기우유에는 각설탕 11개 반, 바나나 우유에는 11개, 초콜릿 우유에는 9개 반 분량의 설탕이 들어간다. 같은 용량의 콜라에 설탕 7개가 들어가니, 딸기·바나나·초콜릿 우유에 설탕이 얼마나 많이 들어가는지 알 수 있을 것이다. 이렇게 높은 당 함량은 혈당을 급격히 높여 소아 당뇨병과 비만을 일으킬 위험이 있다. 뱃속 유해균의 비율도 높아진다. 세로토닌 호르몬의 분비도 줄여 쉽게 짜증 내고 집중력이 떨어지는 아이로 성장할 우려도 있다.

간혹 딸기와 바나나 생 과즙이 들어있다고 광고하는 제품도 있는데, 생 과즙이 전체 양의 약 1%에 불과하다. 딸기 하나의 100분의 1도 안 되는 만큼 넣고 생 과즙이 들어있다고 크게 써 붙여 놓으니 소비자를 기만하는 것 같아 씁쓸하다. 우유의 과일 맛은 과즙이 아니라 화학물질인 향료를 가지고 낸다. 첨가물도 10여 개 이상 포함돼 있다. 또한, 우유가 아예 포함되지 않은 상품도 많다. 컨슈머리서치의 2017년 자료에 따르면 시중 가공유 60종 중 25%에 우유가 전혀 들어있지 않았다. 우유가 절반에 미치지 못하는 것도 56.7%에 달했다. 대부분 저가의 수입산 탈지분유에 물을 섞고 당류와 첨가물을 넣어 만든 음료였다. 더구나 이런 과일 맛 우유에 길든 아이는 흰 우유를 먹지 않으려 하니 되도록 먹이지 말자.

PART 4

아이들의 애정식품, 제과와 음료

01 한 봉지만 먹어도 밥 한 그릇 칼로리, 과자

어린 자녀를 둔 부모가 자녀와 가장 많은 실랑이를 벌이는 식품 중 하나가 바로 과자, 초콜릿, 사탕, 젤리 등의 제과류일 것이다. 좋지 않다는 것은 알지만, 실랑이를 벌이다 보면 하나 둘 허락하고 마는 게 부모다. 그러다 보면 아이도, 부모도 해로움에 대해 무감각해져 먹는 양이 점차 많아진다. 하지만 과자와 초콜릿만큼 아이들에게 해로운 것도 없다. 온갖 첨가물들로 뒤범벅돼있기 때문이다.

과자는 식이섬유와 단백질, 비타민은 거의 없고 탄수화물과 지방만 가득해 '정크푸드(junk food)'라 불린다. 적은 양으로 많은 칼로리를 섭취하게 해 비만을 부르는 주범이기도 하다. 무심코 먹는 과자 한 봉지의 칼로리는 밥 한 그릇(약 300kcal)을 능가한다. 생감자 스낵으로 유명한 과자 한 봉지는 377kcal 정도다. 새우 맛이 나는 과자 한 봉지도 450kcal나 된다. 눈 깜짝할 사이에 먹는 것치곤 지나친 칼로리다. 이런 과자는 밥맛도 잃게 한다. 과자를 많이 먹는 아이는 밥을 잘 먹지 않으려고 한다. 결국, 탄수화물과 지방만 잔뜩 섭취하고 식이섬유가 많은 밥과 반찬을 먹을 기회는 박탈돼 비타민과 미네랄이 부족한 아이가 된다.

그뿐 아니다. 과자에는 필연적으로 각종 첨가물이 들어간다. 유통기한을 늘리기 위해서, 각종 재료를 잘 혼합하기 위해서, 향을 오래 지속시키기 위해서 등 다양한 목적으로 첨가물이 쓰인다. 이런 첨가물은 예민한 아이에게 알레르기·천식·아토피·배앓이·두통 등을 일으킬 수 있다. **더 문제는 뱃속 유해세균의 비율을 높인다는 것이다.** 과자 속 높은 비율을 차지하는 당류는 뱃속 유해균의 좋은 먹이가 된다. 유해균의 비율이 높아지면 자연스레 유익균의 비율이 줄어든다. 유익균은 기분을 좋게 하는 호르몬인 세로토닌 분비의 90%를 담당한다. 뇌에서 작용하는 세로토닌은 전체의 10%뿐이다. **과자류를 많이 먹으면 공격성이 강해지고 집중력이 떨어지며 짜증을 잘 부린다는 연구가 나온 이유다. 유익균 비율이 줄면 면역력도 약해지고 잔병치레도 많아진다.**

그래서 과자는 아예 사주지 않는 게 좋다. 나는 이제까지 내

돈으로 과자를 사준 적이 거의 없다. 굳이 돈을 내고 탄수화물과 설탕 범벅에 첨가물로 위장한 가짜 음식을 사줄 필요가 있을까 싶어서다. 유치원에서 야외활동을 할 때 간식을 사 오라고 하면 그제야 마트에 가는 정도다. 때문에 우리 아이에게 과자는 정말 특별한 날에만 먹는 음식으로 인식돼 있다. 사실 그게 맞다. 아이가 사회 생활을 하는 이상 과자를 안 먹을 수는 없다. 단, 특별한 날, 즐거운 날에 먹는 '펀 푸드(fun food)'라는 인식을 심어줘야 한다.

과자를 살 때도 그냥 사주지 않는다. 아이에게 과자를 많이 먹으면 일어날 수 있는 일들에 대해 자세히 설명해주고 스스로 좋은 제품을 고르게 한다. 과다한 설탕 때문에 이가 썩고, 배에 유해 세균이 많아지고, 감기도 자주 걸리고 더 나아가 키도 안 크게 된다고 말해주면 아이는 눈을 동그랗게 뜨고 고개를 끄덕인다. 약간의 비약일 수 있지만, 이론상 충분히 가능한 일이다. 그래서인지 우리 아이는 과자를 딱히 좋아하지 않는다. 포장지에 그려진 예쁜 그림이나 캐릭터에 혹해 사달라고 할 때도 있지만, 몇 입 먹고는 "너무 짜다" 또는 "너무 달다"라며 남긴다. "이거 많이 먹으면 배 아프지? 이 다 썩지?"라고 말할 때는 기특하기까지 하다.

표 14 부셔 먹는 라면처럼 생긴 과자

영양 성분	1회 제공량 1봉지(90g) 총 3회 제공량(270g)	
	1회 제공량당 함량	% 영양소 기준치
열량	410Kcal	
탄수화물	61g	18%
당류	4g	
단백질	8g	15%
칼슘	168.7mg	24%
지방	15g	29%
포화지방	6g	40%
트랜스지방	0g	
콜레스테롤	0mg	0%
나트륨	920mg	46%

그래도 어쩔 수 없이 과자를 골라야 한다면, 어떤 제품을 선택해야 할까. 첫째, 영양 성분 표를 확인하자. 과자를 고를 때 꼭 확인해야 하는 영양 성분은 '나트륨', '포화지방', '열량' 세 가지다. 특히 나트륨 함량이 중요하다. 조금 짭조름하다 싶은 과자는 어김없이 하루 권장량의 40~50%가 넘는 나트륨이 함유돼있다. 과자 한 봉지만 먹어도 하루 나트륨 섭취량의 절반 정도를 채우는 셈이다. 짠 과자에 계속 노출되면 입맛을 돌이킬 수 없게 된다. 혈관도 망가진다. 아이들이 좋아하는 과자 중

에서는 나트륨 함량이 920mg(3~5세 하루 1,400kcal를 섭취하는 어린이의 충분 섭취량 대비 약 90%)에 달하는 것도 있다[표 14].

포화지방은 혈관을 막는 나쁜 기름이다. 과자 한 봉지를 먹으면 100%를 채우는 제품이 수두룩하다. 스테디셀러인 감자스틱 제품은 포화지방이 한 봉지에 16g으로, 권장량의 106%에 달한다. 열량도 확인해야 한다. 대부분 과자 한 봉지를 먹으면 밥 한 공기의 열량을 초과한다. 세끼 밥을 다 먹고 과자 하나를 더 먹으면, 그 열량은 그대로 뱃살에 저장된다. 현재 우리나라 소아 비만율은 10명 중 1명꼴로, 매년 늘어나고 있다. 특히 남자아이(만 5세~17세)의 비만율(과체중 포함)은 25%로, OECD 33개국 평균인 23%보다 높다.

둘째, 원재료명 표에서 첨가물 숫자를 확인한다. 과자에서 문제가 되는 첨가물을 특정할 수는 없다. 대부분 논란이 있는 첨가물이기 때문에 그 수가 되도록 적은 것을 고르면 된다. 우리나라에서 가장 많이 팔리는 과자 중 하나인 A[표 15]를 예로 들어보자.

표 15 과자 A(초코크림이 든 동그란 모양의 과자, 95g)

원재료명
소맥분(밀;수입산), 백설탕, 가공유지(팜부분경화유-말레이시아산, 대두), 코코아매스, 쇼트닝(부분 경화유), 전지분유(우유), 산도조절제, 유당, 아몬드 분말, 전지분 골드 I, 정제 소금, 덱스트린, 물엿, 합성 착향료(바닐라 향, 버터 향), 유화제, 캐러멜색소, 효모, 효소제제

소맥분(밀) 과자를 구성하는 기본 물질이다. 대부분 값싼 미국산이다. 대규모 생산 방식에 따른 과도한 농약·제초제 살포, 수확 후 농약 처리(배로 싣고 오는 과정에서 변질을 막기 위해 수확 후 농약을 살포하는 것) 등의 문제가 있다.

백설탕 두 번째로 많이 들어가는 성분이다. A 과자의 경우 영양 성분표를 확인하면 한 봉지에 당류 33g이 포함돼 있다. 각설탕 10개 정도의 양이다.

가공유지 과자에 쓰이는 기름이다. 이 제품은 '팜부분경화유'를 썼다. 팜유, 경화유 등의 기름은 '포화지방'으로 의사들이 가장 멀리하라고 조언하는 식품 중 하나다. 혈관을 굳게 만든다. 또 이런 과자에 쓰인 기름의 원료는 값싼 GMO(유전자조작작물) 콩일 가능성이 높다.

쇼트닝(부분 경화유) 부드럽고 고소한 맛을 내기 위해 넣는 기름이다. 혈관을 굳게 한다. 쇼트닝을 넣은 음식을 먹는 것은 고소함의 대가로 혈관 건강을 내어주는 것과 같다.

산도조절제 식품의 보존 기간은 산성이 강할수록 길다. 이 과자에는 산도조절제를 넣어 보존 기간을 늘렸다.

전지분 골드 1 정체를 알 수 없는 맛 내기 첨가물이다. 여러 첨가물이 섞였지만, 전체 함량의 5%를 넘지 않으면 세부 재료를 쓰지 않아도 된다.

합성 착향료(바닐라 향, 버터 향) 과자의 향과 맛을 내는 첨가물이다. 알레르기 위험이 대두되고 있다.

유화제 물과 기름 성분이 잘 섞이도록 하는 첨가물이다. 발암물질이 체액에 잘 섞이게 한다는 보고도 있다.

캐러멜색소 과자 색을 더욱 그럴듯한 갈색으로 만들기 위한 색소이다. 발암 위험성이 제기되고 있다.

과자 하나에 이렇게 많은 첨가물이 포함돼 있다. 이 과자는 그래도 준수한 편이다. 저가의 불량식품은 훨씬 많은 첨가물을 포함한다. 그렇다고 이걸 다 외울 수도 없다. 그럴때는 적힌 숫자가 될 수 있는 한 적은 것을 고르면 편하다. 또한, 유탕 스낵류(보통 봉지로 포장돼 있다)보다 크래커를 먹이는 게 조금 낫다. 열량, 지방, 나트륨이 오십 보 백 보이긴 하지만 전체적으로 조금 적다.

셋째, 제형을 확인한다. 같은 조건이면 최대한 입에 덜 달라붙는 것을 선택한다. 과자는 보통 양치할 수 없는 이동 중이나 야외활동 중 먹게 된다. 과자 잔여물이 이에 달라붙어 있는 시간이 30분을 넘기면 충치균의 먹이가 돼 이에 미세한 구멍을 만들기 시작한다. 때문에 과자를 먹인 후에는 입을 물로 자주 헹구어 주는 게 좋다.

넷째, 1회 제공량을 확인한다. 열량이나 포화지방, 나트륨을 확인하는 소비자가 점점 많아지다 보니 이를 적게 보이려 모색한 방법이 바로 1회 제공량 당 함량 쪼개기다.

표 16 과자 B(새우 맛이 나는 B 과자, 90g)

영양 성분	총 내용량 90g 30g당 150Kcal			
30g당		1일 영양 성분 기준치에 대한 비율	총 내용량당	
나트륨	200mg	10%	610mg	31%
탄수화물	18g	6%	55g	17%
당류	1.8g	2%	5g	5%
지방	8g	15%	24g	44%
트랜스지방	0g		0g	
포화지방	2.5g	17%	7g	47%
콜레스테롤	0mg	0%	0mg	0%
단백질	2g	4%	6g	11%
칼슘	53mg	8%	160mg	23%

다른 과자 B[표 16]를 살펴보자. B 제품의 경우 언뜻 보기에 열량이 150kcal라고 생각하기 쉽다. 하지만 곱하기 3을 해 450kcal로 봐야 한다. 해당 식품회사는 소비자가 1봉지를 다 먹는다는 가정이 아니라, 하루에 3분의 1봉지를 먹는다는 계산 하에 열량과 나트륨, 포화지방 등을 적어놨다. 450kcal면 밥 한 공기 반에 해당하는 열량이다. 나트륨도 일일 권장량의 10%라고 나와 있지만 한 봉지를 다 먹으면 30%에 달한다. 포화지방도 47%로 거의 절반을 채우는 양이다. 과자류 대부분이 이런 꼼수를 쓴다. B 과자처럼 총 내용량당 표기를 1회 내용량당 표기 옆에 같이 적어두는 제품도 있지만, 그렇지 않은 과자도 많다. 반드시 총 내용량으로 환산해서 생각하는 습관을 기르자.

칼 럼

‘유아용 과자’를 다 믿지 마세요

과자를 나쁘다고 생각하는 부모들도 많이 찾는 게 바로 유아용 과자다. 마트의 유아용 과자 코너에 가면 여러 제품이 나열돼 있다. 하지만 유아용 제품이라고 다 믿을만한 것은 아니다. 과자는 과자일 뿐. 유아용 과자든, 유기농 과자든 적게 먹는 게 중요하다. 부모들이 속기 쉬운 내용을 유형별로 정리했다.

—통곡물로 만들면 무조건 좋다?

통곡물이 들어있다고 표시돼 있으면 덥석 선택하게 된다. 왠지 건강할 것 같아서다. 하지만 사실은 그렇지 않은 경우가 더 많다. 밀가루, 설탕, 각종 첨가물을 잔뜩 넣은 다음 2~3% 정도의 통곡물만 첨가하고도 제품 앞면에 ‘통곡물’이 들어있다고 크게 써놓는다. 소비자들은 100% 통곡물이 들었다고 생각하기 쉽지만, 재료 중 일부가 통곡물이라는 뜻이다. 미량의 통곡물을 넣고 마치 100% 제품인 척 표기하니 소비자 기만이다. 칼로리, 나트륨, 당 함량은 다른 제품과 비슷하면서 말이다.

—유기농이면 무조건 안심?

유기농 과자라고 써놓으면 안심하고 먹이는 경우가 많다. 하지만 주요 재료만 유기농일 뿐 영양 성분은 다른 과자와 마찬가지인 경우가 많다. 화학첨가물이 들어가지 않는 것도 아니다. 밀가루나 설탕, 또는 주요 재료만 유기농이라고 건강한 제품이라 할 수 없다. 과자의 유해성은 재료가 유기농이냐 아니냐보다는 탄수화물과 당류, 포화지방의 과도한 비율, 높은 칼로리와 지나

친 단맛, 방부제와 색소, 각종 첨가물을 섞을 때 들어가는 유화제 등이 문제가 되는 경우가 더 많기 때문이다. 따라서 유기농이라고 무조건 믿지는 말자. 유기농 제품 중에서는 100% 쌀로만 만든 과자도 있고, 쌀이나 밀가루, 설탕, 각종 첨가물을 섞은 과자도 있다. 유기농 제품을 고를 때는 반드시 유화제, 쇼트닝, 산도조절제(방부제) 등의 첨가물이 들어가 있는지 확인하자. 또 영양 성분 표에서 나트륨과 당, 포화지방 비율이 기준치 대비 얼마나 되는지도 체크해야 한다.

—천연색소면 OK?

합성색소는 타르(석유)를 기본으로 만들고, 천연색소는 식물이나 곤충 등에서 추출해 만든다. 합성색소가 조금 더 유해하지만, 천연색소도 화학적인 과정을 거쳐 만든다. 그 때문에 유해성 논란도 꾸준히 있다. 햄, 과자 등에 붉은색을 낼 때 많이 쓰는 코치닐 색소는 알레르기 유발 논란이, 꼭두서니 색소는 신장암 유발로 2004년부터 사용이 중지된 바 있다. 캐러멜색소도 발암 위험성이 꾸준히 제기되고 있다. 천연색소라고 맹신하지 말자.

—무첨가면 안심?(무 합성 착색료, 무 합성 착향료)

'00가 들어있지 않다'고 표기된 '무(無)' 제품의 경우 뒷면을 반드시 확인해 봐야 한다. 앞면에 광고한 착색료 또는 착향료는 뺄 수 있으나, 검증이 덜 된 다른 첨가물로 대체하는 경우가 많다. 또 착색료와 착향료를 빼면서 맛을 내기 위해 당·나트륨·지방 함량을 더 높인 제품도 있다. 이런 과자를 마음 놓고 먹였다가는 아이들이 단맛과 짠맛에 길들 수 있다.

02 아이들용 초콜릿이라고 다를까?

아이들이 좋아하는 과자류로 초콜릿이 빠질 수 없다. 달콤한 맛도 맛이지만 예쁜 그림으로 무장한 포장이 아이들의 시선을 끈다. 우리 아이의 경우 과자는 크게 좋아하지 않는데, 초콜릿만은 사달라고 떼쓸 때가 있다. 잘 살펴보니 맛보다는 포장지와 장난감 때문이다. 킨더**라는 제품을 필두로, 장난감을 넣어 파는 제품들이 줄을 잇고 있다. 개인적으로 이런 당류 식품에 장난감을 넣어 파는 것은 법으로 금지했으면 좋겠다.

우리가 마트에서 사는 초콜릿은 진짜 초콜릿이 아니라 '초콜릿 가공품'이다. 초콜릿은 카카오 함량에 따라 6가지로 나뉜다. 사실 카카오는 쓴맛만 가진 열매다. 식품 공정 상 초콜릿은 코코아(카카오 열매의 기름진 씨앗) 고형분이 35% 이상 들어있는 것이다. 상대적으로 설탕이 적게 들어가 덜 달다. 그다음이 스위트 초콜릿(코코아 고형분 함량 30% 이상), 밀크 초콜릿(코코아 고형분 함량 25% 이상), 패밀리 밀크 초콜릿(코코아 고형분 함량 20% 이상), 화이트 초콜릿(코코아버터 20% 이상, 밀크 초콜릿에 비해 지방 함량이 높음), 준 초콜릿·코코아 가공품(코코아 고형분 7% 이상, 설탕이 많이 들어있음) 순이다.

어린이를 위한 초콜릿이라고 광고하는 제품(킨더***), 이탈리아에서 온 고급 초콜릿이라고 광고하는 제품(페****)도 코코아 함량이 낮은 밀크 초콜릿, 설탕·보존제·착향료 등을 섞은 준 초콜릿으로 코코아 가공품 범주에 든다. 맛이 부드럽고 단 초콜릿, 견과류나 과자 등에 초콜릿을 얹은 제품은 초콜릿 중에서도 가장 하위 등급인 준 초콜릿·코코아 가공품이니 잘 알아두자.

이런 초콜릿의 가장 큰 문제는 높은 지방과 당 함량이다. 아이들에게 많이 사주는 킨더*** 1회 제공량(2개)은 열량이 140kcal이고, 포화지방은 6g으로 1일 권장 섭취량의 약 50%에 달한다. 초코바 하나는 240kcal로 밥 한 공기 열량이며, 포화지방은 4.5g으로 일일 권장량의 30%에 달한다. 당류는 26g(각설탕 9개 분량)이나 된다. 어린아이는 초콜릿 하나만 먹어도 하루 필요 당류의 50~70% 정도를 섭취하게 된다.

당이 많이 들어오면 인슐린 저항성이 생겨 소아 당뇨병 등 여러 문제가 생기고 뼈가 약해진다. 열량이 지방으로 변환, 축적돼 혈관이 막힐 수도 있다.

초콜릿은 될 수 있는 한 사주지 않는 게 좋다. **어린이용 초콜릿도 마찬가지다. 단백질과 칼슘을 많이 넣었다고 당과 지방이 적다는 의미가 아니다.** 꼭 초콜릿을 사줘야 한다면 코코아 함량이 높은 것을 선택하자.

03 어린이용 비타민·사탕·젤리의 진실

사탕과 젤리는 아이들이 사랑하는 식품 중 하나다. 그러나 이들 제품은 거의 설탕으로 만들어졌다고 봐도 무방하다. 여기에 예쁘게 보이기 위해 여러 첨가물이 사용된다. 당 함유량도 매우 높다. 과일 젤리 역시 과일 농축액은 눈곱만큼만 넣어 만든 설탕 과자다. 사탕과 젤리는 모든 제품이 거기서 거기지만 굳이 피해야 할 것은 합성 착향료, 합성색소가 든 제품이다.

특히 황색 4호는 민감한 아이의 경우 천식이나 알레르기, 주의력 결핍 과잉행동 장애(ADHD) 등을 유발할 수 있다. 영국 사우샘프턴대 연구진은 황색 4호, 황색 5호, 적색 40호, 적색 102호 등이 어린이의 주의력 결핍 과잉행동 장애에 영향을 미칠 수 있다고 발표한 바 있다. 영국 정부는 식품업체가 자발적으로 이런 타르색소를 사용하지 않도록 권고하고 있다.

그렇다면 천연색소는 안전할까. 붉은색을 내는 천연색소인 코치닐 추출색소는 알레르기 유발 가능성이 있다. 다른 천연색소인 꼭두서니 색소도 2004년 암 유발 가능성 때문에 사용이 금지된 바 있다. 천연색소 역시 화학 용제를 사용해 추출한 다음 다시 몇 번의 화학처리 과정을 거치기 때문에 합성색소와 크게 다르지 않다는 점을 다시 한번 강조하고 싶다.

어린이용 비타민도 주의해야 한다. 첨가물로 따지자면 오히려 사탕이나 젤리보다 더 나쁘다. 비타민 분말은 약 3%에 그치고 나머지는 단맛을 내는 당 성분이다. 여기에 향을 내는 합성착향료, 산도조절제인 구연산, 유화제인 스테아린산마그네슘, 이유식에 쓸 수 없는 합성 감미료인 아스파탐과 효소 처리 스테비아 등도 포함돼 있다. 홍삼 사탕도 마찬가지다. 간혹 주는 것은 괜찮지만 습관적으로 먹이는 것은 피하는 게 좋다.

04 봉지 빵은 피하세요

빵이 좋지 않은 이유는 크게 세 가지다. 첫째, 열량과 포화지방 함량이 너무 높다. 편의점에서 주로 볼 수 있는 포장 크림빵의 경우 열량이 1개당 약 271kcal로 공깃밥 한 공기와 맞먹는다. 거기에 포화지방은 5g으로 일일 상한 기준의 40%에 이른다. 간식으로 먹기에는 과한 영양 성분이다. 포화지방이 이렇게 많은 것은 식물성 기름을 고체화시키는 과정 때문이다. 입에 착착 달라붙는 크림을 만들기 위해 식용유를 경화시켜 만든 값싼 마가린, 팜올레인유, 쇼트닝 등 온갖 유지류가 동원된다. 그 때문에 포화지방이 높을 수밖에 없다. 이런 포화지방은 혈관을 막아 동맥경화, 뇌졸중 등을 일으킨다.

둘째는 첨가물이다. 비만의 적인 백설탕이 가득하고 산화방지제, 유화제, 산도조절제 등 유통기한을 늘리기 위한 첨가물이 모두 들어있다.

마지막은 밀이다. 시판 빵에 쓰이는 밀 대부분은 바다를 건너 왔다. 긴 시간 변질되지 않도록 각종 방부처리가 돼 있다. 또 밀가루는 몸에 좋은 섬유소나 씨눈 등이 제거된 상태다. 이런 밀가루로 만든 빵을 간식으로 먹이기에는 좀 꺼림칙하다.

기자 엄마의 선택

비닐에 밀봉 포장된 제품은 피하는 게 좋다. 마트나 편의점에서 파는 대부분 빵이 비닐 포장되어 있다. 프랜차이즈 베이커리에서 파는 빵 중에서도 밀봉된 봉지 빵이 있다. 이런 제품은 유통기한을 길게 하려고 각종 보존료를 넣는다.

빵을 꼭 사줘야 한다면 통곡물, 될 수 있으면 우리 밀로 만든 제품을 사준다. 당일 구워서 나온 빵, 첨가물이 들어있지 않아 하루 이틀 내에 먹어야 하는 빵, 많이 씹어야 넘길 수 있는 거친 빵, 단맛이 거의 없는 담백한 빵(예: 무화과 통곡물 바게트) 같은 것이 좋다. 우유나 치즈, 요거트, 달걀 등 단백질 함량이 높은 식품, 미네랄 함량이 높은 과일과 함께 먹으면 좋은 한 끼 식사가 될 수도 있다.

05 가짜 100% 오렌지 주스

냉장고에 음료를 하나씩 사다 놓는 집이 대다수다. 손님이 오면 대접하거나 아이들이 공부할 때 간식과 함께 꺼내 놓는다. 하지만 우리집에는 음료수가 없다. 손님이 오면 "물밖에 없어서요." 하면서 시원한 물을 대접하거나 시간이 많으면 차를 우려서 내어놓는다. 궁색하다고 생각할 수 있지만 나름 손님을 배려한 처사다. 음료의 본질을 알면 도무지 먹고 싶지가 않다.

오렌지 주스에 오렌지만 들어있다고 생각하는 사람들이 많다. 특히 '100% 오렌지 주스'라고 쓰여 있으면 더욱 그렇다. 하지만 아쉽게도 현실은 그렇지 않다. '설탕물'에 색소와 향료, 보존료를 넣은 '가짜 물'이라고 생각하는 게 편하다. 100% 오렌지 주스를 어떻게 만드는지 알면 이해하기 쉽다. 현재 식품법에서 '100% 오렌지 주스'는 크게 두 종류이다. 첫째는 오로지 오렌지만 갈아서 만든 진짜 100% 오렌지 주스다. 전체 제품의 1%도 되지 않는다. 가격도 엄청 비싸다. 둘째는 농축액을 넣어 만든 환원 주스다. 오렌지 주스를 펄펄 끓여 졸인 농축액에 물을 타서 제조한 것이다. 물 90%에 농축액 10%를 섞어 100% 이상으로 환원하면 이 제품도 100% 오렌지 주스라고 표기할 수 있다. 우리가 흔히 보는 100% 오렌지 주스는 대부분 두 번째 경우다.

하지만 진짜 오렌지만 갈거나 즙을 내서 만든 주스와 물에 농축액을 넣어 만든 주스는 완전히 다르다. 국을 끓이다 깜빡 잊고 너무 졸여서 다시 물을 붓고 요리해봐도 원래 맛이 안 나는 것과 같은 이치다. 부랴부랴 각종 조미료를 넣어야 원래 맛을 겨우 살릴까 말까다. 주스도 마찬가지다. 졸인 농축액 10mL에 물을 90mL 넣어 100mL로 환원시킨다 해도 밍밍한 맛만 난다. 색깔도 먹음직스러운 노란색이 아니라 희미한 색이다. 그래서 각종 '마법의 가루'를 넣어야 한다.

먼저 단맛이 나도록 설탕을 넣는다. 하지만 설탕은 비싸고 재료 보관도 쉽지 않다. 그래서 '액상과당'이라고 하는 물질을 넣는다. 설탕보다 싸면서 140% 정도 더 달기 때문에 기업으로서는 훨씬 이득이다. 게다가 제품 전면에 '무설탕'이라는 표기까지 할 수 있으니 금상첨화다. 설탕보다 더 나쁜 당 첨가물을 넣으면서 말이다. 그래도 완전히 오렌지 주스 맛이 나는 것은 아니다. 여기에 오렌지 향을 첨가해야 우리가 아는 오렌지 주스 맛이 난다. 마지막으로 변질 없이 오랫동안 유통할 수 있도록 각종 보존료를 넣는다.

더 문제는 환원 주스 농축액의 원료가 되는 과일 중 하급이 많다는 것이다. 어차피 펄펄 끓이면 비타민과 무기질, 식이섬유, 과일 특유의 풍미와 향 등이 거의 손실되기 때문에 맛과 향이 좋은 상급 과일을 쓸 이유가 없다. 이렇게 끓인 오렌지 농축 과즙은 긴 여정을 거쳐 세계 각지의 음료 제조회사로 배송돼 가짜 '100% 오렌지 주스'로 탈바꿈된다. 포도 주스, 알로에 주스, 딸기 주스 등도 이와 마찬가지로 물에 설탕과 색소, 향료를 넣고, 해당 과즙은 생색내기 식으로 넣어 만든 '설탕물'에 가깝다.

칼 럼

주스보다 과육이 좋다

주스 뒤편 표기에 있는 보존료·착향료·인공색소·당류 함량 등을 모두 확인하고 사는 게 좋지만 일일이 다 기억하기는 어렵다. 그럴 때는 단순히 표시된 성분 개수가 적은 것을 고르면 된다. 최근에는 물을 넣지 않고 진짜 과일만 갈아만든 주스도 출시되고 있다. 비열살균처리 등 특수 포장법을 이용해 보존료도 넣지 않는다. 이런 제품 뒷면에는 원재료가 1~3가지밖에 표기돼 있지 않다. 원재료명 표시란에 '오렌지' 딱 하나만 쓰여 있거나 여러 과일이 섞이면 2~3가지가 더 표기될 수 있다. 단, 유통기한이 아주 짧고 값이 3~4배 이상 비싼 것이 단점이다. 가끔 과일 주스를 사 먹고 싶을 때는 이런 제품을 고르자.

시판 과일 주스를 못 믿겠다고 집에서 과일을 갈아주는 부모도 있다. 하지만 수고에 비해 얻는 이득이 적다. 과일 당도 '당'이다. 혈당을 빨리 오르도록 하는 것은 마찬가지다. 과일을 먹이고 싶다면 주스보다는 과육 자체를 먹도록 하는 게 훨씬 좋다. 비타민 손실도 적고 식이섬유도 그대로 섭취할 수 있다. 씹으면서 턱이나 치아도 발달해 일석이조다. 치아 저작 작용이 두뇌를 활성화한다는 것은 이미 잘 알고 있을 것이다. 꼭 주스를 주고 싶다면 즙만 짜서 먹이기보다 과육과 껍질까지 그대로 넣고 갈아 주자. 즙만 짠 것은 식이섬유가 제거돼 혈당을 훨씬 빨리 높이기 때문이다.

06 어른 음료보다 나쁜 '어린이 음료'

키즈카페에 가면 진열대에 떡 하니 자리 잡고 있는 게 있다. 바로 어린이 음료다. '키즈 음료' 또는 '어린이 음료'라고 쓰여 있으며, 유기농 재료로 만든 제품이 많다. 캐릭터는 한결같이 아이들이 좋아하는 뽀로로, 코코몽, 또봇, 터닝메카드, 헬로카봇 같은 것들이다. 겉모양만 보면 아이들을 위한 특별한 음료 같다. 그중 몇몇은 식약처에서 인증받은 '안전하고 영양을 고루 갖춘, 어린이 기호식품 품질인증 제품'이라고 쓰여있다. 왠지 마시면 건강해질 것 같은 문구다.

하지만 개인적으로는 이런 어린이 음료가 과일주스보다 더 나쁘다고 생각한다. 어떻게 만들어졌는지 표 17을 살펴보자. 물에 액상과당, 백설탕을 가득 넣고 딸기 농축액은 단 2%만 들어있다. 우유는 하급인 탈지분유만 조금 넣었고 방부제와 보존제 역할을 하는 구연산, 구연산나트륨, 젖산칼슘이 들어갔다. 그뿐인가. 분유와 첨가물이 설탕물에 골고루 섞이도록 유화제를 첨가했다. 효소처리 스테비아라는 산화방지제도 들어있다. 아이들이 좋아하는 합성 착향료인 딸기와 밀크 향도 넣었다.

표 17 아이들이 좋아하는 유명 캐릭터의 딸기 맛 음료수

원재료명 및 함량
정제수, 기타 올리고당(액상과당, 이소말토올리고당, 폴리글리시톨시럽) 백설탕, 폴리덱스트로스, 탈지분유(우유, 국산), 딸기 농축액(딸기과즙으로 2.0%, 미국산), 무수구연산, 젖산칼슘, 대두다당류(대두), 비타민 D3(아카시아, 자당, 지방산, 옥수수전분, 토코페롤), 구연산나트륨, 유화제, 효소 처리 스테비아, 합성 착향료(딸기 향, 밀크 향), 우유(분유), 대두 함유

개인적인 기준으로는 최악의 식품이다. 그렇다고 당류가 적지도 않다. 세 살짜리 아이가 하나만 먹어도 하루 권장 섭취 기준치에 거의 도달하는 양이다.

2016년 소비자 문제 연구소 컨슈머리서치가 시중 대형 마트에서 판매하는 어린이 음료 17개사 40개 제품의 당 함량을 살펴봤는데, 평균 12.7g에 달했다. 1병 당 각설탕 4개 이상의 당분이 포함돼 있었다. 조사 제품의 절반(53%)은 단 음식으로 잘 알려진 초코파이(12g)보다 당 함량이 더 많았다. 100mL당 함량으로 환산해도 8개 제품은 콜라와 유사하거나 오히려 높았다. 40개 대상 제품 가운데 당 함량이 가장 높은 제품은 '자** 키즈망고(당 함유 22g)'로, 각설탕 7개 분량이다. 한 병만 마셔도 만 3~5세 어린이의 하루 섭취 당 함유량에 해당하는 수준이다. 2위 '변신 자동차 또* 사과 맛'은 21g, '터닝*** 사과 맛/밀크 맛'은 20g, '터닝*** 딸기 맛'은 19g으로 뒤를 이었다. 16g 이상인 제품도 '헬로** 요거트 맛/골드키위 맛', '변신 자동차 또* 오렌지', '썬키** 키즈 사과/포도', '쿠* 젤리 복숭아/포도', '엔* 골드키위'로, 딱 봐도 어린이 음료임을 한눈에 알아볼 수 있는 제품들이다. 결과만 보면 어린이 제품이 오히려 콜라보다 못한 경우가 많다.

어린이 기호식품 품질인증 마크

'어린이 기호식품 품질인증 제도'도 문제가 많다. 어린이 기호식품 품질인증은 1회 제공량(30g) 기준으로 열량 250kcal, 포화지방 4g, 당류 17g 이하이면서 단백질과 식이섬유는 1회 제공량 당 영양소 기준치의 10% 이상, 비타민(A, B1, B2, 비타민C), 무기질(칼슘이나 철분) 중 2개 이상에 대해서 1회 제공량 당 영양소 기준치의 15% 이상을 포함해야 한다는 등의 기준이 있다. 또 식용 타르색소, 합성보존료도 사용하지 않아야 한다.

하지만 실제 인증받은 제품의 원재료 표기를 들여다보면 실망스럽기 그지없다. 영양 기준을 맞추기 위해 화학적으로 합성한 영양강화 물질이 들어있고, 이를 물에 녹이기 위해 훨씬 다양한 합성첨가물이 들어가 있다.

밥반찬으로 먹는 버섯이나 채소 몇 젓가락 정도면 되는 영양소를 섭취하기 위해 설탕물, 첨가물 덩어리 음료수를 집어 든다면 그야말로 난센스다. 또 당류 17g은 WHO에서 제시한 일일 상한 섭취량과 얼마 차이가 나지 않는다. 어린이 기호식품 품질인증 마크가 있는 제품을 한 병만 마셔도 일일 당 섭취 상한량의 80~90%에 달하는 경우가 많다.

어린이 기호식품 품질인증 제도는 많이 바뀌어야 한다. '아이에게도 안심' '인체 무해' 등의 문구를 붙여 부모들이 믿고 사용하도록 했던 가습기 살균제 사건이 떠오른다. 언제까지 소비자가 알아서 피해야 하는지 한숨이 나온다.

기자 엄마의 선택

음료만은 절대 사 먹이지 않으려 노력한다. 대신 물이 얼마나 맛있고 소중한 지 알려주는 데 힘쓴다. 물도 미네랄 함량과 구성에 따라 다양한 맛이 난다. 미네랄수, 알칼리이온수, 해양심층수, 베이비워터 등 최근에는 기능성 물이 다양해졌다.

해양심층수 같은 경우 일반 물보다 칼륨, 칼슘 함량이 2~3배 더 높다. 알칼리환원수는 장내 이상 발효 억제, 소화불량, 만성 설사, 위산과다에 효능이 있으며 식약처 인증도 받았다. 탄산수는 피로 회복에, 산소수는 뇌 혈류에 좋다는 연구도 있다. 혹여 과장된 광고라 할지라도 당이 첨가된 음료와 비교가 되지 않게 좋다. 마트에 파는 차(페트병 음료)도 보존료를 넣는다. 어떠한 음료보다 물이 낫다.

문제는 키즈카페나 놀이동산을 갈 때다. 곳곳에 진열된 캐릭터 음료가 아이의 시선을 끈다. 이럴 때는 한번 사주는 것도 방법이다. 단, "오늘은 특별한 날이기 때문에 사주는 거야. 음료에는 설탕, 색소, 방부제 등이 많이 들어있어서 자주 먹으면 안 돼"라고 분명히 말해야 한다. 우리 집 아이가 음료수를 마시는 날은 특별한 날이다. 아이 자신도 "여기에는 설탕, 색소가 많이 들어서 이가 썩고 살이 찌지? 조금만 먹을게"하고 말한다. 그리고 확실히 덜 먹는다. 교육의 효과다.

단순히 "안 돼"라고만 해서는 안 된다. 반드시 네 줄 이상의 문장으로 이유를 말해야 아이를 설득할 수 있다. 그리고 아이들의 머릿속에 각인도 된다. 지금부터라도 시작해 보자.

07 칼슘을 배출시키는 탄산음료

탄산음료는 설탕이 많이 들어가 이를 썩게 만들고 비만을 유발한다. 이것 외에 하나 더 알아둬야 할 게 있다. '인산염'이다. 탄산음료에는 인산이 반드시 들어간다. 톡 쏘는 상쾌함을 주면서도 조미(맛내기), 식감 개선, 보존성 향상, 산도 조절 기능 등을 동시에 수행해내는 만능 첨가제이기 때문이다. 체내에 인이 많아지면 소변으로 칼슘 배설을 촉진해 뼈가 약해질 뿐 아니라 치아 부식에도 영향을 준다. 또 인산은 과량 섭취 시 폐암을 일으키고 노화를 촉진한다는 연구도 있다.

흔히 탄산음료를 마시면 소화가 잘 된다고 생각하는데, 청량감을 주는 탄산음료의 인산염이 그런 '느낌'만 전달해 준 것이다. 이는 물만 마셔도 해결된다. 또한, 트림은 몸으로 들어간 탄산이 체온에 의해 온도가 상승하면서 부피가 커져, 식도를 타고 역류해 일어나는 생리현상이다. 소화와는 전혀 관계가 없으며 오히려 반복되면 역류성 식도염이 생길 수 있다.

08 첨가물 범벅, 두유

아이들 간식으로 매일 두유를 먹이는 일이 적지 않다. 이런 모습을 보면 안타깝다. 시중에 파는 두유는 우리가 기대하는 '콩만 갈아 만든 음료'가 아니다. 콩물에 물을 섞고 설탕을 넣은 뒤 각종 보존제와 향료를 넣어 만든 인공 음료로 실제 콩 함량은 매우 낮다. 우리나라 대부분의 두유 속 콩 함량은 7브릭스 이하다. 일본 대부분의 두유가 12~14브릭스 이상인 데 반해 매우 낮은 수준이다. 콩 함량을 낮춘 대신 콩 맛이 나도록 각종 당류와 첨가물을 넣는다.

뒷면 표기에 들어가는 첨가물 개수를 확인하면 이해가 쉽다. 웬만한 과자보다 첨가물 개수가 많다. 우선 목 넘김을 좋게 하려고 대두유를 첨가한다. 대두유는 기능성 성분처럼 보이지만 식품 제조 시 필요한 콩기름일 뿐이다. 콩물과 기름이 분리되는 것을 막으려고 유화제도 들어간다. 두유를 진하게 보이게 하면서 침전을 막는 카라기난, 걸쭉하게 보이기 위한 증점제,

산도를 조절하는 산도조절제 등도 포함된다. 고소한 맛을 내려고 땅콩 향 같은 합성 착향료도 첨가한다. 당 함량 역시 10g 정도(각설탕 3~4개)로 적지 않다.

그렇다고 단백질이 많을까. 그것도 아니다. 3g 정도에 불과하다. 게다가 콩의 이소플라본은 제거된 상태다. 한 유명 두유 제조회사의 생산 공정을 살펴보자. 우선 콩을 대량으로 매입해 콩 결을 따라 반으로 쪼갠다. 그 후 배아 부분(콩 한 쪽에 튀어나온 부분. 이소플라본이 밀집돼 있다)을 잘라내고, 콩을 불리고 갈아서 걸러낸 콩물을 두유로 만든다. 이 과정에서 이소플라본이 제거된다. 분리된 이소플라본은 따로 모아 제약회사나 건강기능식품 회사에 고가로 팔려나간다. 콩의 단백질이나 이소플라본을 기대하고 매일 먹기에는 나쁜 성분들 역시 같이 먹는 셈이다.

최근에는 100% 콩으로만 만든 제품도 나오고 있다. 단, 맛이 없어 아이가 잘 먹으려고 하지 않을 수 있다. 그러나 입맛을 길들이면 고소한 맛에 적응된다. 그러니 꼭 두유를 먹이고 싶다면 100% 두유인지(뒷면 표기에 콩 이외에 설탕이나 과당, 합성 착향료, 안정제, 유화제가 포함돼 있지 않은지), 국내산 콩인지를 확인하자.

칼 럼

음료수를 먹이지 마세요

음료를 멀리하는 가장 큰 이유는 과도한 당류 섭취 때문이다. 우리나라 식습관의 큰 문제 중 하나가 바로 당류 섭취다. 1970년대 33.1g에 불과했던 당류 섭취는 현재 65g 정도로 2배 가까이 늘었다. 옛날이야 먹을 것 자체가 귀했으니 당류를 많이 섭취하려야 할 수가 없었다. 하지만 지금은 널린 게 가공식품이다. 과자, 케이크, 과일주스, 탄산음료, 요거트류에서 빙과류까지. 오히려 설탕을 넣지 않은 가공식품을 찾기가 더 어려울 정도다. 과일이나 곡류에 자연적으로 포함된 당 성분은 천천히 소화되고, 혈당도 천천히 올린다. 하지만 설탕 등 인위적으로 첨가한 당은 간단한 소화 과정만 거쳐 흡수되기 때문에 혈당을 빠르게 올린다.

갑자기 혈당이 올라가면 어떻게 될까. 췌장이 놀라 인슐린을 과다하게 분비한다. 과다한 인슐린은 혈당을 정상보다 더 떨어지게 만든다. 우리 몸은 항상성을 유지하려고 하기 때문에 다시 빠르게 당을 섭취하라고 명령한다. 이때부터 악순환이 계속된다. 혈당이 급격히 올랐다 떨어졌다 하는 과정이 반복된다. 달달한 음료수를 마시면 기분이 금방 좋아지지만 금세 또 단 것이 당기는 이유다. 단맛은 뇌의 쾌락 중추를 자극해 더 강한 단맛을 원하게 만든다. 아이들의 당뇨병은 이렇게 찾아온다. 현재 우리나라 소아 당뇨병 환자 수는 매년 급격히 증가해 지난 10여 년간(2006~2015년) 31% 증가했다.

더 무서운 것은 당이 아이들의 영혼까지 잠식한다는 것이다. 췌장은 여러 호르몬 분비를 담당하는 중요 기관이다. 이곳의 기능이 망가지면 뇌의 호르몬 분비에도 영향을 미쳐 정서불안, 신경과민, 두통 등을 일으킨다. ADHD(주의력 결핍 과잉행동 장애) 같은 질병도 과다한 당류 섭취와 관련 있다는 연구가 있다. 또 당을 과다 섭취하면 세포와 조직을 손상시키는 활성산소의 양도 증가한다. 장 속 유해균도 증식돼 면역세포 생성을 둔화시켜 자주 아픈 아이가 된다.

액상과당은 더욱 위험하다. 설탕보다도 빠르게 흡수되며 인슐린을 분비시키지 않는다. 포만감을 느끼지 못해 과식하게 된다. 그렇게 과량 섭취한 당은 지방으로 쌓이기 쉽다. 음료수를 자주 마시는 아이일수록 소아비만에 걸릴 확률이 높아지는 이유다. 또 과당은 간에서 지방으로 바뀌어 지방간 위험도 높인다. 지방간은 어른뿐 아니라 비만인 소아에게도 똑같이 생길 수 있다. 만성 과당에 노출될 경우 고혈압, 심근경색, 췌장염, 간 기능 이상, 이상지질혈증 등도 일으킬 수 있다. 액상과당은 과당, 옥수수 시럽, 콘 시럽, 요리당, HFCS 등으로 다르게 표기되므로 더욱 유의해야 한다.

WHO가 권장한 첨가당 섭취 기준은 하루 섭취 칼로리의 5%다. 2014년에 10%에서 5%로 기준이 더 강화됐다. 만 1~2세까지의 유아는 약 12.5g, 만 3~5세까지의 유아는 17.5g, 만 6~8세 남자 아동은 21.3g(여아는 18.8g), 9세~11세는 26.3g(여아는 22.5g)이 하루 허용치다. 음료를 한 잔만 마셔도 하루 권고 당 섭취량을 거의 채운다. 2016년 소비자 문제 연구소 컨슈머리서치가 시중 대형 마트에서 판매되는 17개 업체 어린이 음료의 성분표를 분석한 결과, 한 병 또는 종이팩 하나당 평균 당 함유량은 12.7g이었다. 일반 오렌지 주스는 약 14g, 콜라는 약 26g의 당을 함유하고 있다. 3세

유아는 한 캔만 마셔도 위험한 수준이며 어린이도 하루 권장량의 70~80%에 해당해 불안하기는 마찬가지다. 아이에게 음료 한 잔만 허락해도 온종일 다른 가공식품은 줄 수 없는 수준이다.

주요 음료의 당 함유량

*콜라 한 캔 기준(250mL)으로 환산	각설탕 하나=약 3g
5無첨가 유기농 키즈 망고 오렌지 주스	11.6개
콜라	9개
바나나 우유	9개
딸기 우유	8.3개
100% 오렌지 주스	8개
포도 주스	8개
두유	6.6개
요구르트	12.8개(작은 한 병 당 3개)
어린이 식품품질 인증 음료	5~11개(제조사마다 천차만별)

음료가 나쁜 두 번째 이유는 각종 첨가물 때문이다. 집에서 갈아 만든 주스는 얼마 못 가 변질되는데, 시판 과일주스는 몇 달이 지나도 상하지 않는 이유는 무엇일까. 각종 보존료 때문이다. 보존료는 물론 향료, 색소, 산화방지제 등 각종 첨가물은 예민한 아이에게 알레르기를 일으킬 수 있다. 특히 보존료로 쓰이는 안식향산나트륨은 다른 물질과 만나서 암을 일으키는 물질로 변한다. 몸과 마음이 건강한 아이, 집중력 있고 공부 잘하는 아이로 키우려면 음료수는 절대 먹이지 말아야 한다.

PART 5

냉장고 속 식품, 알고 먹기

01 세포 돌연변이를 일으키는 햄&소시지

마트에서 가장 많이 사는 것 중 하나가 냉장 가공식품이다. 비교적 오래 두고 먹을 수 있고 아이들 반찬으로 활용하기에도 편리하기 때문이다. 대표적인 냉장 가공식품인 햄과 소시지에 대해 알아보자.

햄과 소시지가 나쁘다는 것쯤은 누구나 알고 있다. 하지만 왜 나쁜지에 대해서 아는 사람은 그리 많지 않다. 그러나 자세히 알고 나면 절대 먹지 않을 첫 번째 가공식품이 바로 햄과 소시지다. 가장 큰 이유는 '아질산나트륨'이다. 모든 첨가물은 조금씩 안전성 논란이 있다. 하지만 아질산나트륨만큼 확실한 발암물질은 없다. 전문가들에게도 첨가물 중 가장 나쁜 물질을 하나만 고르라고 하면 아질산나트륨을 꼽는 이들이 많다. 그런데도 왜 아직 햄, 소시지에 아질산나트륨을 넣는 걸까. 아질산나트륨만큼 확실한 '마법 효과'를 내는 첨가물이 없기 때문이다. 도대체 아질산나트륨은 어떤 기능을 하는 것일까.

첫째는 발색이다. 육류에 넣으면 미오글로빈과 반응해 색을 붉게 만든다. 품질 나쁜 고기를 쓰더라도 아질산나트륨을 넣으면 금세 싱싱하고 선명한 붉은 고기로 변한다. 둘째는 방부제 역할이다. 고기 속 지방이 산소와 만나면 악취가 나고 맛도 변한다. 아질산나트륨의 아질산이온이 지방 속 산소와 반응해 질산이온으로 변하면서 산화방지제 역할을 한다. 셋째는 균 억제 역할이다. 18~19세기 독일에서 소시지를 먹은 사람들이 특이한 식중독 증상을 보이며 죽은 경우가 있었다. 이는 소시지에서 자라는 식중독균(보툴리누스균) 때문이었다. 아질산나트륨은 이런 균들이 자라는 것을 막는다. 마지막은 맛이다. 자세한 원리는 밝혀지지 않았지만, 햄이나 소시지 특유의 풍미를 내는 역할을 한다. 이렇게 1석 4조의 효자 역할을 하기 때문에 대부분의 육가공품에서 아질산나트륨을 쓴다.

하지만 아질산나트륨은 세계보건기구(WHO) 산하 국제암연구소(IARC)에서 지정한 1군 발암물질이다. 가열 시 육류의 알킬아민류와 만나 니트로사민이라는 발암물질을 생성한다. 1972년 네브래스카 의대 시드니 미뤼쉬(Sidney Miruish) 박사팀은 동물 실험을 통해 아질산나트륨이 발암물질을 생성하며 종양을 일으킨다는 사실을 증명했다. 과다 섭취 시 혈액의 산소 운반 능력도 떨어트린다. 소시지나 햄을 먹으면 내 몸 어디에선가 신음하는 세포들이 생긴다는 말이다.

또한 햄과 소시지는 두통을 일으키는 원인으로도 지목된다. 혈관의 평활근을 이완시켜 혈관 확장 효과가 나타나기 때문이다. 햄이나 소시지, 베이컨 등을 먹은 뒤 관자놀이 쪽 혈관이 쿵쿵 뛰는 것처럼 느껴지면서 두통이 생기는 사람이 있다. 이는 아질산나트륨 섭취 때문일 가능성이 높다.

햄과 소시지를 기피하는 또 다른 이유는 고기의 품질 때문이다. 소시지를 만들 때 사용하는 고기 대부분은 저가의 자투리 고기다. 어차피 다져서 각종 첨가물로 맛과 향, 색을 내면 되니까 굳이 좋은 고기를 쓸 필요가 없다. 게다가 부피를 커 보이게 하려고 물을 먹인 고기를 사용하는 제품도 있다. 햄과 소시지는 주로 돼지고기로 만드는데, 돼지고기 100kg에 물을 넣으면 120~130kg까지도 만들 수 있다. 그렇게 해서 원가를 절약하는 것이다. 이때는 물과 고기가 잘 섞이도록 겔(gel)화제도 넣어야 한다. 겔화제에는 농약 사용, GMO 등의 이슈가 있는 콩 찌꺼기(대두)와 항생제 사용 등의 이슈가 있는 저가의 달걀 흰자 분말(난백)이 쓰인다. 젤리 액을 넣고 고기 전체에 균일하게 퍼지도록 강하게 두들긴다. 고기를 일정 모양으로 만들어 가열하고 식히면 온전한 소시지와 햄이 된다.

마지막으로 각종 첨가물도 기피 원인이다. 앞서 말한 아질산나트륨, 겔화제 외에 맛과 향, 질감을 내는데 너무나 많은 첨가물이 들어간다. 표 18과 같이 맛을 내는 MSG(L-글루타민산나트륨, 향미증진제), 분홍색을 내는 코치닐 추출색소, 방부제 역할을 하는 산도조절제, 각종 출처를 알 수 없는 합성 맛 내기 분말(블렌디드 시즈닝, 간장 분말 등)이 다양하게 들어간다. 모두 알레르기, 발암 위험이 대두되는 첨가물들이다.

표 18 햄 전문 제조 기업이 만든 일반 김밥 햄

원재료명 및 함량
돼지고기(국산), 정제수, 대두단백(중국산), 백설탕, 정제 소금, 간장 분말, 블렌디드 시즈닝, 이스트분말M, 산도조절제, L-글루타민산나트륨(향미증진제), 코치닐 추출색소(천연첨가물), 비타민C, 아질산나트륨(발색제, 합성보존료)

최근에는 아질산나트륨이 첨가되지 않은 제품들도 속속 나오고 있다. 하지만 표 19를 살펴보면 실망스럽기는 마찬가지다.

아질산나트륨의 보존기능을 대신해 젖산칼륨(산화방지제, 산도조절제), 젖산나트륨(유화제, 향미증진제, 산도조절제), 폴리인산나트륨(증강제, 오래된 고기를 부드럽게 하는 연화제), 피로인산나트륨(지방의 산화 방지), 메타인산나트륨(단백질 응고제) 등의 여러 방부 기능 합성첨가물을 넣었다. 또 발색 기능을 대신해 코치닐 색소도 넣었다. 둘 다 발암, 알레르기 논란이 있는 물질들이다. 아질산나트륨은 없지만, 그에 못지않은 첨가물을 다량 넣은 것이다. 눈 가리고 아웅이라고 볼 수밖에 없다.

표 19 대기업 식품회사에서 만든 몸에 좋다고 선전하는 햄

원재료명 및 함량
돼지고기 85.0%(외국산;미국, 스페인, 캐나다 등), 정제수, 백설탕, 비프소스[양지분해농축액(쇠고기;호주산), 정제 소금(국산)], 오천년의 신비 명품 천일염 0.86%(국산), 유청 분말, 분리대두단백, 복합스파이스AF7, 겨자 분말601, 젖산칼륨, 젖산나트륨, 밀분해추출물, 카라기난, 티알이-씨(보조단백질), 혼합제제(폴리인산나트륨, 메타인산나트륨), 베지스테이블502, 콜라겐, 코치닐 추출색소, 비타민C, 분말·결정포도당, 난백 분말, 야채발효군, 돼지고기, 대두, 밀, 우유, 계란, 쇠고기 함유

합성보존료, 합성 착향료, 착색제, 전분, 산화방지제를 넣지 않아 5無첨가라고 표기한 다른 제품도 마찬가지였다. 부피를 늘리는 증강제는 넣지 않았지만, 아질산나트륨을 빼지도 않았다. 역시 햄은 햄이다. 어떤 재료로 만들어도 다량의 첨가물은

피할 수 없다. 따라서 최대한 먹는 횟수를 줄이는 게 가장 현명한 방법이다.

기자 엄마의 선택

소시지와 햄은 굳이 먹이지 않는 게 가장 좋다. 나는 이제까지 소시지볶음을 해준 적이 한 번도 없다. 물 먹인 저급한 고기에 MSG 덩어리인 식품을 먹이고 싶지 않아서다. 하지만 소시지나 햄을 꼭 사야 할 때도 있다. 소풍 도시락을 쌀 때다. 일반 도시락은 아이가 실망할 것 같아 김밥을 쌀 수밖에 없다.

그런데 김밥에 햄이 없다면? 맛도 맛이지만, 아이의 섭섭함도 걱정된다. 때문에 그때만큼은 햄을 준비한다. 단, 어떤 햄을 고를지 고민에 고민을 거듭한다. 선택 기준 첫번째는 아질산나트륨 포함 여부다. 뒷면 영양 성분 표를 보면 바로 알 수 있다. 그다음은 총 첨가물 개수를 살펴본다. 햄과 소시지는 기본적으로 첨가물이 없을 수 없다. 첨가물 용어가 너무 어려워 뭐가 뭔지 모르겠으면 총 첨가물 개수가 적은 것을 선택하면 된다. 대체로 좋은 제품일수록 첨가물의 총 개수가 적다.

첨가물이 거의 없는 제품도 있지만 사기가 쉽지 않다. 인터넷에서 '수제 무첨가 소시지'로 검색하면 파는 곳이 몇 군데 있는데, 집에서처럼 고기를 다져 숙성시켜 만든다. 하지만 이런 수제 소시지도 염지할 때 기본적인 화학보존제가 들어간 제품이 대다수다. 결국 소시지는 소시지다. 따라서 최대한 먹는 횟수를 줄이는 것이 현명하다.

02 햄보다 더 위험한 훈제고기

향과 맛이 좋아 훈제 제품을 찾는 사람이 늘고 있다. 훈제는 원래 참나무 같은 목재에서 발생하는 불완전연소 연기를 고기에 부착해서 만드는 식품 제조 방식을 말한다. 특유의 향과 맛 때문에 더욱 고급스럽게 느껴진다. 하지만 연기에 발암물질이 묻어 있을 확률이 높아 건강 측면에서는 일반 햄보다 더 나쁘다고 할 수 있다.

최근에는 연기를 쬐는 전통 방식 대신 화학조미료를 이용해 훈제 풍미를 내는 제품이 많이 나오고 있다. 진짜 훈제는 만드는데 13시간 이상이 걸리기 때문이다. 최근 나온 제품들은 훈제하는 대신 훈제했을 때의 맛과 향이 나도록 향료와 발색제, 각종 화학조미료를 넣었다. 마트에서 집어 든 대부분의 훈제햄, 훈제 베이컨, 훈제 치킨 등에 아질산나트륨(보존제, 발색제), L-글루타민산나트륨(MSG, 화학조미료), 산도조절제가 들어있다. 훈제 오리의 먹음직스럽고 불그스름한 색깔은 이런 첨가물 덕분이다. 첨가물을 넣지 않으면 거무튀튀한 흙 빛깔만 날 뿐이다.

또 훈제 맛이 나도록 '00 시즈닝', '00 복합 스파이스' 등도 포함돼 있다. 고급스럽게 포장했지만, 건강 면에서는 전혀 고급스럽지 않은 식품이다.

03 값싼 생선 자투리의 변신, 어묵

햄과 소시지는 나쁘지만 어묵은 괜찮다고 생각하는 이들이 많다. 오히려 생선을 손쉽게 먹을 수 있다며 즐겨 찾는 이들도 적지 않다. 하지만 어묵도 소시지, 햄과 똑같은 가공식품이다. 나쁘기로 따지면 햄과 소시지에 뒤지지 않는다. 값싼 생선의 자투리 부분을 주재료로 전분을 섞고 방부제, MSG, 감미료, 산도조절제 등을 넣어 완성한 마술에 가까운 식품이다. 아주 저가의 어묵은 원가를 낮추기 위해 폐기 직전인 흐물거리는 생선 자투리를 쓰기도 한다. 저품질 생선이라도 품질개량제를 쓰면 악취가 사라지고 싱싱한 어묵처럼 보이기 때문에 상관하지 않는다. 햄과 소시지보다 조금 나은 것은 발색제가 따로 들어가지 않는 정도다.

어묵에서 가장 문제가 되는 첨가물은 소르빈산이다. 합성보존료로, 어육 가공식품에서 부패 방지 역할을 한다. 그러나 소르빈산은 과량 섭취 시 암을 일으킨다는 보고가 여럿 나와 있다. 게다가 물에 잘 녹지 않아 알코올이나 초산, 젖산, 프로필렌글리콜 등 다른 첨가물을 넣어야 사용할 수 있다. 첨가물이 첨가물을 부르는 전형적인 사례다. 소르빈산류는 소르빈산, 소르빈산칼륨, 소르빈산칼슘 등 다양한 용어로 표기되기 때문에 잘 알아둬야 한다.

표 20 아이에게 좋다고 광고하는 어묵

원재료명 및 함량
연육 60.08%(중국산, 인도산/어육, D-소비톨, 정백당, 산도조절제), 밀가루(밀/미국산, 호주산), 소맥전분(외국산/호주, 리투아니아, 벨기에 등), 당근(국내산), 카놀라유, 부추(국내산), 양파(국내산), 정제 소금, 포도당, 대두단백, L-글루타민산나트륨(향미증진제), 정백당, 글리신, 소르빈산칼륨(보존료), 양파 추출 베이스, D-자일로오스, 어묵 맛 시즈닝, 레시틴, 트랜스글루타미나아제, 대두, 밀 함유

아이용 어묵이라고 쓰여있는 제품도 다르지 않다. 표 20을 보면 똑같이 MSG(L-글루타민산나트륨), 소르빈산칼륨(보존료)이 들어있다. 어떻게 아이 제품이라면서 소르빈산칼륨을 빼지 않았을까 의문이 든다. 그러면서 어묵에 꼭 필요하지 않은 다른 첨가물을 뺐다며 '5無첨가' 표시를 해놓았다. 이것은 마치 우유갑에 '無석면'이라고 표시하는 것과 같은, 소비자 기만행위다. 석면을 우유에 식품첨가물로 넣을 리 없기 때문이다. 게다가 튀긴 제품이라(어떤 기름에 몇 번이나 튀겼는지는 아무도 모른다) 지방 함

유량이 많고, 나트륨도 과하다(어묵 한 장에 나트륨 일일 권장 섭취량의 20% 이상 함유).

꼭 사야 한다면 앞부분에 '소르빈산 무첨가'라고 적힌 제품을 고르자. 좀 더 욕심을 부리자면 연육 비율이 높은 것(60% 이하인 것도 있고 80% 이상인 것도 있다), 어육이 중국산이나 인도산이 아닌 알래스카산인 것이 조금 낫다. 하지만 어묵은 어디까지나 어묵이다. 첨가물이 많이 든 가공식품 중 하나일 뿐이다. '질 낮은 생선에 밀가루를 버무려 튀긴 음식'은 적게 먹을수록 건강에 유익하다.

조리 시에도 주의사항이 있다. 어묵을 햄과 같이 가열 조리하지 말아야 한다. 햄의 아질산나트륨이 어묵의 소르빈산과 만나면 에틸니트롤산으로 변할 가능성이 높기 때문이다. 에틸니트롤산은 세계보건기구 산하 국제암연구소가 지정한 2군 발암물질이다. 아이들 반찬으로 어묵과 햄, 파프리카 등 각종 채소를 넣고 같이 볶는 경우가 있는데, 이는 위험천만한 조리법이다.

04 두부, 브랜드만 믿고 사지 마세요

두부만큼 자주 사게 되는 재료도 없다. 찌개에 넣어 먹기도 하고, 구워 먹기도 한다. 아이들 반찬으로도 좋다. 하지만 고를 때마다 고민되는 게 사실이다. 워낙 많은 두부가 우리의 선택을 기다리고 있기 때문이다. 시중에 파는 거의 모든 제품을 살펴본 결과, 현재 우리나라의 두부 품질은 상향 평준화되어 있다.

원래 두부는 콩(대두, 노란 콩)과 간수만 있으면 만들 수 있다. 전통 방식으로 만드는 두부의 제조 과정은 다음과 같다. 우선 콩을 물에 불려 맷돌에 간다. 간 콩은 비린내가 나지 않을 때까지 잘 저어가며 끓인다. 그러면 콩국(두유)과 건더기(비지)가 나오는데, 콩국이 두부의 주원료가 된다. 콩국에 간수를 넣으면 단백질들이 엉기면서 몽글몽글 굳어진다. 간수 속 칼슘과 마그네슘 같은 물질이 단백질을 굳히기 때문이다. 마지막으로 물기를 눌러 빼면 두부가 완성된다.

위에서 설명한 것처럼 전통 방식으로 두부를 만들 때는 천일염에서 천천히 녹아 나온 간수를 쓴다. 하지만 대량 제조 방식에서는 천일염에서 간수가 녹아 나올 때까지 기다릴 시간이 없다. 그 때문에 바닷물에서 인위적으로 추출한 응고제를 쓴다. 또 콩을 씻을 때와 끓일 때 거품이 많이 생기는데, 전통 방식에서는 부채질 등으로 거품을 일일이 꺼트리는 수고를 한다. 하지만 대량 생산 방식에서는 그렇게 할 수 없으니 첨가물로 소포제를 쓴다. 예전에는 유해 논란이 있는 합성응고제를 썼고, 거품을 없애는 소포제도 안전성 논란이 있는 규소수지를 쓰는 곳이 많았다. 두부 제조와 포장 기술이 발달하지 못해 방부제와 산도조절제 등을 집어넣기도 하고, 두부가 퍽퍽해지는 것을 막기 위해 유화제를 사용하기도 했다. 하지만 최근에는 천일염에서 뽑아낸 염화마그네슘을 응고제로 사용하며, 소포제는 규소수지 대신 식용유(현미유나 올리브유)를 쓰는 곳이 대다수다.

두부에 대한 소비자의 기대치가 올라가면서 해로운 물질이 든 제품을 피하기 시작한 덕분이다. 업체들은 소비자의 니즈에 따라 알아서 첨가물을 뺐다. 현재 마트에서 파는 두부는 콩, 조제해수염화마그네슘(응고제), 현미유와 올리브유(소포제 용도로 쓰이는 식용유) 정도로 구성돼 있다. 이런 응고제와 소포제는 건강에 별 영향을 주지 않으므로 크게 신경 쓰지 않아도 된다.

그럼에도 두부를 살 때 꼭 체크해야 하는 것이 있다. 첫째는 '콩'의 국산 여부다. 국산을 따지는 이유는 수입 콩의 상태가 좋지 않기 때문이다. 수입 콩은 물 건너오는 과정에서 해충이나 품질, 외관, 빛깔 등의 변화를 막기 위해 살충제나 방부제 등 여러 화학처리를 한다. 또 수입 콩은 대부분 유전자조작작물(GMO)이다. 안전성이 아직 완전하게 입증되지 않은 작물이다. 그 때문에 두부를 고르는 데에는 국내산 콩으로 제조되었는지가 가장 중요한 기준이 된다.

둘째는 첨가물이다. 마트 두부의 90%는 보존제와 유화제, 규소수지 등의 합성소포제를 넣지 않았다. 앞서 말한 것과 같이 보통 원재료 표기에 콩, 제조해수염화마그네슘, 식용유 세 가지만 적혀 있다. 하지만 일부 제품에서는 여전히 합성소포제와 방부제, 유화제 등 각종 첨가물을 쓰고 있었다[표 21]. 사용된 첨가물은 염화칼슘(합성 간수), 규소수지(소포제), 폴리소르베이트(유화제), 소르비탄지방산에스테르(유화제), 카르복시메탈셀룰로오스나트륨(방부제) 등이다. 해당 제품은 말만 들어도 아는 유명 지역 브랜드여서 더욱 놀랐다. 브랜드만 보고 사는 사람들을 기만이라도 하듯, 이 제품은 두부 제조업계에서 거의 퇴출된 각종 합성첨가물을 사용했고 100% 수입 콩을 쓰고 있었다.

표 21 강원도 지역 유명 두부

원재료명 및 함량
대두-외국산 100%(국가명은 홈페이지에 별도표시), 1급 해수(제조용제), 염화칼슘, 규소수지, 폴리소르베이트 65, 소르비탄지방산에스테르, 카르복시메탈셀룰로오스나트륨

두부는 앞면 표기와 뒷면 표기의 괴리감이 거의 없는 제품이다. 앞면 표기에 '국내산 콩'이면서 '소포제, 유화제 무첨가'라고 적힌 제품을 고르면 무난하다. 간혹 무첨가 표시만 보고 샀다가 '국내산 콩'이 아닌 경우가 많으므로 두 가지가 동시에 표기된 제품인지 반드시 확인하자.

단, 순두부에는 보존료, 유화제 등 각종 첨가물이 포함된 경우가 많아 잘 확인해야 한다. 일반 두부는 첨가물 없이 잘 만드는 식품회사도 순두부 제품만큼은 유화제, 방부제, 합성응고제 등을 아낌없이 첨가하고 있었다. 물론 첨가물 없이 콩, 응고제, 정제염만 포함된 제품도 극소수 있으니 원재료명을 확인하자.

05 색소와 방부제가 섞인 냉동 돈가스

바쁜 엄마의 손을 덜어주는 효자 식품 중 하나가 바로 냉동 식품이다. 일단 사서 넣어두기만 하면 마음이 든든하다. 언제 상할지 몰라 안절부절못하지 않아도 되고, 시간을 들여 조리해야 하는 부담도 없다. 전자레인지에 돌리면 금방 완성되는 제품이 대부분이다. 하지만 손이 편할수록 몸에는 나쁘다는 것을 알아야 한다. 보존 기간을 늘리고, 바로 데워먹어도 안정된 상태를 유지할 수 있게 각종 첨가물을 아낌없이 넣었기 때문이다. 가장 많이 먹는 냉동식품인 냉동 돈가스에 대해 알아보자.

집에 마땅한 고기반찬이 없을 때 한 번쯤 생각나는 게 바로 돈가스다. 구워서 잘라 주기만 하면 밥 먹기 싫어하는 아이도 식탁 앞으로 와 앉는다. 원래 돈가스는 두툼한 돼지고기에 밀가루, 달걀 물, 빵가루를 묻혀 만든다. 하지만 마트에서 파는 냉동 돈가스는 많이 다르다.

표 22 바삭함을 강조한 냉동 돈가스

원재료명 및 함량
돼지고기(국산) 28.6%, 정제수, 닭고기(국산) 21.47%, 빵가루 21.44%[곡류가공품, 쇼트닝, 마가린(우유, 대두), 옥수수 전분, 제제염], 돈가스 배터믹스 [밀가루, 전분, 정제 소금, 백설탕, 혼합제제(산도조절제)], 두류가공품, 양파, 건빵 가루, 옥수수 전분, 프리더스팅믹스, 복합조미식품, 마늘, 숯불갈비 맛 베이스티, 카라기난, 정제염, 생강, 정백당, 혼합제제(산도조절제), 후춧가루, 향미증진제, 오니언(향신료조제품), 합성 착향료(비프오일), 너트맥분말

우선 순수하게 돼지고기만 들어가는 게 아니다. 원가를 줄이기 위해 돼지고기에 잡고기를 섞는 경우가 많다. 표 22의 제품과 같이 돼지고기에다 기계발골육 닭고기를 섞는 식이다. 기계발골육이란 동물의 뼈에서 깎아낸 살점이다. 알을 낳을 수 없는 노계가 주로 쓰인다. 다른 부위는 다 발라내고, 그래도 뼈에 남은 살점이 있으니 그걸 떼어내 쓰는 것이다. 당연히 질기고 맛도, 풍미도 없다. 고무 씹는 느낌이 난다.

그래서 각종 화학 첨가물로 식감을 개선하고 맛과 향을 입힌다. 해당 제품에도 점성과 중량을 늘리는 카라기난, 고기 향이 나게 하는 합성 착향료(비프 오일), 향미증진제(MSG), 숯불갈비 맛 베이스티(인공적으로 숯불갈비 맛을 내게 하는 조미료), 인공적으로 양파 맛이 나게 하는 향료 등이 들어가 있다. 거기다 혈관을 막히게 하는 저급 기름인 쇼트닝도 쓰였다. 쇼트닝은 액상으로 존재하는 팜유를 인공적으로 굳혀 만든 기름이다. 튀겼을 때 더욱 바삭한 식감을 내기 위해 냉동 돈가스에 필수적으로 쓰이는 첨가물이다.

여기에 그치지 않는다. 혼합제제로 산도조절제도 들어간다. 보통은 제삼인산칼슘, 피로나트륨 등으로 표기되지만 여기서는 산도조절제로만 쓰여 있다. 방부제 역할을 하면서 돈가스 식감을 개선하는 역할도 한다. 산도조절제가 들어가면 조금 더 바삭하고 퍽퍽하지 않은 돈가스가 된다. 배터믹스라는 첨가물도 문제다. 밀가루에 쇼트닝·설탕·소금, 여러 화학향미료와 산도조절제·팽창제 등이 섞인 튀김옷이다. 냉동 돈가스는 물론 배달 치킨에 필수적으로 사용되는 첨가물 덩어리다. 바삭한 식감을 살려주지만, 혈관 건강에는 최악이다. 저가 제품은 캐러멜색소를 넣은 것도 있다. 그럴듯한 갈색빛을 내기 위해서다.

꼭 첨가물 문제가 아니더라도 돈가스는 지방과 나트륨 함량이 너무 높다. 손바닥만한 돈가스 하나(140g)를 먹으면 약 288kcal의 열량에, 지방 12.4g, 콜레스테롤 82.8g, 나트륨

481.2g을 섭취하게 된다. 하루 권장 섭취량의 약 40%에 달하는 양이다.

기자 엄마의 선택

가끔 돈가스를 사주고 싶다면 뒷면을 잘 살펴보자. 우선 돼지고기 함량이 높은 것이 좋다. 적어도 60% 이상인 것을 선택한다. 돼지고기 비율이 30% 이하이고, 닭고기가 같이 표기돼 있다면 잡고기를 썼을 가능성이 높다.

시판 돈가스는 첨가물이 너무 많이 들어있어 읽어보기 힘들다. 이럴 때는 앞서 원재료명에 대한 설명에서 이야기했듯 '해당 재료를 마트에서 오늘 살 수 있느냐 없느냐'를 기준으로 살펴 본다. 표 23처럼 재료를 마트에서 바로 살 수 있거나 집에서 만들어 쓸 수 있는 것만으로 만든 제품도 있다. 첨가물이 거의 들어가지 않은 보기 드문 제품이다.

표 23 친환경 매장에서 파는 미니 돈가스

원재료명 및 함량
돼지고기(국내산, 무항생제) 73.05%, 양파(국내산) 13.15%, 사과퓨레[사과(국내산),비타민C], 우리밀 빵가루{밀가루(밀:국내산), 우유(국내산), 버터, 물엿, 드라이이스트}, 당근(국내산) 2.19%, 전란액, 마늘(국내산) 1.46%, 설탕, 천일염, 흑후추분말

하지만 대부분 식품회사에서 내놓은 돈가스 제품은 돼지고기·닭고기·빵가루 등 몇몇 재료를 빼놓고는 시중에서 바로 구할 수 없는 재료들이 즐비하다. 질 낮은 고기를 썼기 때문에 이를 만회할 수 있는 맛, 향, 식감을 내는 첨가물들을 사용하는 것이다. 이런 부가 첨가물들이 많이 든 제품일수록 좋지 않다고 생각하면 된다.

06 잡고기에 조미료를 듬뿍 넣은, 미트볼&동그랑땡

미트볼이나 동그랑땡도 손쉽게 먹을 수 있는 냉동식품이다. 하지만 마찬가지로 저급 고기에 각종 첨가제를 넣은 제품에 지나지 않는다. 표 24를 보면 돼지고기는 18%에 불과하고 닭뼈에 붙은 고기 조각들을 긁어내 만든 기계발골육이 15%이다. 원재료명 순서를 보면 돼지고기 바로 뒤에 정제수가 표기돼 있다. 닭고기보다 물을 더 많이 썼다는 말이다. 잡고기에 물과 GMO 콩 찌꺼기, 옥수숫가루 등을 집어넣어 부피를 늘린 다음 돼지 지방 추출물을 주입해 기름기가 돌게 만든 것이다.

표 24 저가로 나온 미트볼

원재료명 및 함량
돼지고기(뒷다리;국내산) 18%, 정제수, 닭고기(기계발골육;국내산) 15%, 양파(중국산), 돼지지방 10%, 조직대두단백, 건빵 가루(소맥분, 제제소금, 대두분, 이스트, 이스트후드), 옥수수 전분, 너비아니 양념장, 토마토케첩, 요리당, 마늘, L-글루타민산나트륨(향미증진제), 정제 소금, 불갈비 맛 분말, 흑후추, 백설탕, 혼합제제식품첨가물(산도조절제), 닭고기, 대두, 밀, 돼지고기, 토마토, 쇠고기 함유

맛은 역시 MSG와 각종 화학조미료 분말을 써서 구현했다. 불갈비 맛 분말은 진짜 불갈비 분말이 아니라 여러 화학 향료와 조미료를 섞어 불갈비 맛이 나도록 만든 제품이다. 역시나 보존을 위한 산도조절제도 빠지지 않았다.

동그랑땡 역시 저급 고기, 채소에 조미료를 듬뿍 넣어 만든 식품이다. 아이를 생각한다면 가급적 덜 주는 게 맞다. 개인적으로는 한 번도 사 본 적이 없는 식품군이다.

07 고향의 맛? 인공 조미료의 맛, 만두

햄이나 돈가스는 잘 사주지 않지만, 만두에는 너그러운 부모들이 많다. 하지만 만두 역시 만만치 않은 가공식품이다. 집에서 만두를 만들 때는 밀가루 반죽을 밀어 피를 만들고, 거기에 각종 고기와 채소를 다져 넣는다. 그야말로 영양식이다. 하지만 대량 생산하는 만두는 다르다.

일단 만두피부터 보자. 당연히 농약 문제가 많은 물 건너온 밀가루를 쓴다. 엄마표처럼 반죽하고 밀 수 없으니 탄력이 있을 리 만무하다. 탄력 보강제로 글루텐, 변성전분과 말토덱스트린 등의 혼합제제를 첨가한다. 시판 만두의 쫄깃함은 글루텐 첨가물 덕분이다. 글루텐은 소화 장애, 알레르기 유발 등의 논란이 있다. 하지만 더욱 큰 문제는 글루텐을 녹이기 위해 또 다른 첨가물이 들어간다는 점이다. 프로필렌글리콜이 대표적이다. 부동액의 주원료로 식품에는 1~3% 정도의 소량이 쓰이긴 하지만 다양한 제품에 조금씩 다 포함돼 있다는 게 함정이다.

아이스크림, 과자 등 많은 가공식품에 첨가물을 녹이기 위해 사용된다. 될 수 있으면 이런 첨가물이 없는 제품을 골라야 한다.

또 공장에서 만드는 만두피는 기계에 달라붙지 않게 하려고 유화제와 증점제를 쓰는 경우가 많다. 유화제를 쓰면 반죽이 촉촉해지고, 증점제를 쓰면 만두피에 탄성을 더할 수 있다. 그 밖에 맛을 내기 위한 화학조미료, 부족한 고기의 질감을 구현하기 위한 대두단백(콩 찌꺼기) 등도 포함돼 있다. 게다가 만두는 포화지방, 나트륨 함량도 높다. 8개(100g)당 포화지방은 3.9g(약 40%), 나트륨 함량은 300mg(약 30%)이나 된다. 짠맛과 인공 조미료 맛에 길들여지기 딱 좋은 식품이다.

기자 엄마의 선택

뒷면 원재료명 표기에서 가장 앞에 적힌 재료가 '돼지고기'인 것을 고른다. 제품에 따라 밀가루가 가장 먼저 적힌 것이 있는데, 원재료명은 많이 들어간 순서대로 표기한다. 밀가루가 많이 든 것은 그만큼 고기 함량이 적고, 고기를 대체할 만한 다른 첨가물이 많이 들어갔다는 것이다. 저품질 만두일 가능성이 높다.

08 유화제가 문제, 아이스크림

아이스크림을 좋아하지 않는 아이는 드물다. 하지만 그만큼 위험성도 높다. 보통 아이스크림은 물에 설탕을 한가득 붓고 우유를 조금 넣은 뒤 카라기난, 구아검, 셀룰로오스검 등으로 점성을 조절하고 부피를 형성한다. 이러면 단맛이 난다. 메론 맛을 만들지, 바닐라 맛을 만들지, 초콜릿 맛을 만들지에 따라 다른 향료를 넣는다. 색을 내기 위해 화학 색소도 넣는다. 품질 낮은 기름인 쇼트닝·가공버터를 넣어 우유의 모자란 지방도 보충한다.

더 경각심 있게 봐야 할 것은 유화제다. 아이스크림 하나를 만드는 데는 어마어마한 유화제가 들어간다. 아이스크림의 주 재료인 물과 지방을 섞는 중요한 재료이기 때문이다. 그런데 **유화제는 지방과 물만 섞이게 하는 것이 아니다. 체내에 들어가면 발암물질과 체액도 서로 잘 섞이게 한다.** 체액에 섞인 유해 물질은 몸 구석구석으로 이동해 곳곳의 세포를 공격한다. 암,

알레르기 등 온갖 알 수 없는 질병을 일으키는 요인으로 지목받고 있다.

영양 성분도 매우 걱정스럽다. 바닐라 콘 아이스크림 하나에 함유된 포화지방은 7g으로 일일 섭취량의 절반에 달한다. 당류는 21g으로 각설탕 7개 정도 분량이다. 하나만 먹어도 다른 당이나 지방이 든 식품은 손도 대지 말아야 하는 수준이다. 당과 지방을 동시에 섭취하면 유해성은 더 높아진다. 이는 학계에서 '당·지방 연관 효과'라고 불린다. 당과 지방을 동시에 과다 섭취하면 콜레스테롤 수치가 상승하는 등 대사 기능이 악화된다.

세계에서 가장 유명한 아이스크림 체인점 창업자에 대한 이야기는 이미 잘 알려져 있다. 약 60여 년 전 미 캘리포니아 작은 마을에서 어브 로빈슨(Ive Robbins)과 버트 배스킨(Butt Baskin)이 동업해 탄생시킨 아이스크림 회사는 화려한 맛과 외관으로 엄청난 인기를 끌었다. 하지만 사업을 시작한 지 20년이 지난 해 버트 배스킨이 갑자기 심장마비로 세상을 떠났다. 주변에서는 그가 신제품 개발과 품질관리로 매일 많은 양의 아이스크림을 먹었기 때문이라고 추측했다. 실제 그의 몸무게는 100kg이 넘었으며, 각종 대사질환을 가진 비만형 체구였다.

어브 로빈슨 역시 비만과 싸웠고 고혈압과 당뇨병 증세로 생명에 위협을 받았다. 그런 모습에 충격을 받은 로빈슨의 아들은 가업을 물려받지 않고 건강·환경 전도사가 돼 미국 전역을 다니며 식생활과 관련된 강의를 했다. 부친이 이끄는 아이스크림 사업을 비판하며, 아이스크림은 입에도 대지 않았다. 건강이 악화된 아버지도 결국 아들의 뜻을 받아들여 식생활을 바꿨다. 지방과 당, 유화제가 듬뿍 든 아이스크림은 입에도 대지 않았다.

아이스크림을 만든 회사의 가족들이 절대 먹지 않는 아이스크림. 그 아이스크림을 우리는 소중한 아이들에게 주고 있는 것이다.

아이스크림은 대부분 설탕과 지방 함량이 높고 증점제, 유화제, 저급 식용유, 산도조절제, 합성 감미료, 합성 착향료를 포함하고 있다. 가격이 높은 제품일수록 우유를 많이 쓰긴 하지만 입에 부드러울 뿐 해로움은 거기서 거기다. 두어 달에 한 번쯤 아이가 꼭 사달라고 할 때 생색내며 사주는 게 낫다. 단, 첫 노출 연령은 되도록 늦추는 게 좋다. 초등학생일 경우, 아이스크림을 자주 먹는다면 색소·합성 착향료가 없는 것, 초콜릿과 과자가 같이 들어있지 않은 것을 먹도록 지도해야 한다.

PART 6

신선식, 간편식도 꼼꼼하게 따져 먹자

01 방부제, 색소, 점성제까지 들어간 포장 반찬

'콩자반, 무말랭이, 우엉조림, 멸치볶음…' 식탁 위에 꼭 올라오는 밑반찬들이다. 이렇게 먹으려면 최소 3~4일에 한 번씩은 밑반찬을 해야 한다. 밑반찬 하는 날은 식사 준비와 별도로 1~2시간이 더 걸린다. 직장맘에게는 보통 일이 아니다. 그래서 많이 사 먹는 게 마트 표 간편식이다. 하지만 꼼꼼하게 따져봐야 한다. '엄마의 정성'으로 만들었다는 표기가 무색할 만큼 질 낮은 재료와 양념장을 쓴 제품이 꽤 많기 때문이다.

표 25 중국산 콩으로 만든 콩자반

원재료명 및 함량
콩조림 75.0%(중국산/콩 55.0%, 간장, 이온물엿, 설탕, 참깨), 정제수, 혼합간장[탈지대두(외국산;인도·미국·중국), 천일염(호주산), 액상과당, 소맥, 캐러멜색소], 물엿(옥수수 전분), 설탕, L-글루타민산나트륨(향미증진제), 참깨(중국산), 대두, 밀 함유

이름만 대면 아는 한 식품 회사의 콩자반 제품을 보자. '건강한 콩으로 만든'이라는 수식어가 대문짝만하게 쓰여 있어 믿음이 간다. 정말 그럴까. 뒷면 원재료명 표기[표 25]를 보면 수식어

와는 반대의 사실을 확인할 수 있다.

우선 재료가 저급이다. 콩은 물론, 간장, 참깨가 모두 중국산이다. 중국산 콩 중에서도 조림을 한 형태로 들여온 콩을 썼다. 조림을 하면 원래 상태를 알 수 없다. 때문에 가장 하급 콩, 오래된 콩을 썼을 가능성이 높다. 이 조림 콩을 다시 품질개량제 등에 담갔다 건지면 쭈글쭈글했던 모양이 예뻐지고 거무튀튀한 부분도 신선한 색으로 살아난다. 여기에 다시 GMO 콩으로 만든 산분해간장을 붓고, MSG인 L-글루타민산나트륨을 넣은 뒤 GMO(유전자조작작물) 물엿을 넣고 졸였다. 단맛도 비용 절감을 위해 설탕에 질 낮은 액상과당을 섞어 썼다. 거기다 색깔을 내려고 캐러멜색소까지 넣었다. 품질 나쁜 콩을 써서 자연적으로 예쁜 까만색을 낼 수 없기 때문이다.

국산 무를 건조해 오돌오돌한 식감을 살렸다는 무말랭이 제품[표 26]은 어떨까. 국산 무를 쓰긴 했지만, 첨가물로 많이 쓰이는 D-소르비톨액, 잔탄검 등이 들어갔다. D-소르비톨액은 단맛을 내면서 수분 손실을 막아 식품이 마르지 않게 해준다. 하지만 어린이에게는 알레르기를 일으킬 위험이 보고돼 있다. 과량 섭취 시 설사를 유발할 수 있어 의사들이 주의를 당부하는 식품이기도 하다. 특히 신장 질환자는 부작용 위험이 커 섭취하지 않는 게 안전하다. 2012년에는 소르비톨이 과량 첨가된 건강기능식품이 복통, 설사 등을 일으켜 식약처로부터 시정 조치를 받은 적도 있다.

표 26 한 중소 식품회사가 만든 무말랭이

원재료명 및 함량
무 57%(국산), 물엿, 고춧가루 5%(국산), 새우젓[새우(국산), 식염(국산)], 마늘, 멸치액젓, 정제 소금, D-소르비톨액, 고춧잎, 생강, 정백당, 밀단백추출물(밀), 참깨(국산), 잔탄검, 수용성유청칼슘분말(우유), 자몽종자추출물

잔탄검은 어떨까. 잔탄검은 식품의 점도를 높이고, 물과 기름 성분이 잘 분리되지 않도록 하는 첨가물이다. 유통 과정에서의 변화를 막기 위해 무말랭이에도 잔탄검이 첨가됐다. 잔탄검은 2011년 미 노스캐롤라이나 신생아 괴사성 장염(NEC) 사망 사건으로 유명해졌다. 연하곤란(목 넘김이 어려운) 환자용 식품에 점도를 증가시키기 위해 잔탄검이 첨가됐는데, 이것이 괴사성 장염을 유발해 7명이 사망하고 14명이 대수술을 받았다. 이후 FDA에서는 영유아 제품에 잔탄검 첨가를 엄격히 규제하고 있다. 하지만 우리나라에는 아직 연령별 세부 규제가 없다.

어른이야 체표면적이 커 치사량까지는 가지 않지만, 어린이가 먹었을 때 어떻게 될지 아무도 모른다.

표 27 신선하다고 광고하는 한 연근조림

원재료명 및 함량
염장 연근 60%[중국산/연근 53%, 염수, 합성보존료, 산화방지제(이산화황)], 정제수, 양조간장[탈지대두(대두;인도산), 소맥말(미국산), 천일염(호주산), 액상과당, 주정], 볶음참깨(중국산), 물엿, 액상과당, 백설탕, 혼합제제[L-글루타민산나트륨 향미증진제], 정제 소금, 캐러멜색소(천연색소), 혼합제제(발효식초, 발효주정, 영양강화제 DL-사과산), 대두, 밀, 아황산류 함유

연근조림도 많이 먹는 반찬이다. 식이섬유도 많고 미네랄도 풍부해 아이들 반찬으로 자주 올리는 식품이다. 하지만 연근조림도 종류에 따라 품질 차이가 크다. 제품 명에 신선하다고 대문짝만하게 써 놓은 한 연근조림 제품표 27을 살펴보자. 주재료가 '염장 연근'이다. 소금에 합성보존료, 산화방지제까지 넣은 물에 담근 연근을 들여와 재료로 쓰는 것이다. 이런 중국산 염장 연근은 언제 수확한 것인지 아무도 모른다. 간혹 뉴스에 유통기한이 지난 연근을 쓴 경우가 나오는데, 질이 떨어지는 연근은 염장하면 상태를 알 수 없다. 또 연근조림에 쓴 간장은 GMO(유전자조작작물) 콩으로 만든 것이다. 참깨도 생것이 아니라 이미 볶아서 들여온 중국산 제품이다. 값싼 액상과당, L-글

루타민산나트륨 조미료로 맛을 냈다. 여기에 연근의 색을 내기 위해 캐러멜색소 또한 첨가했다. 집에서 요리했다면 절대 쓰지 않았을 첨가물이 가득한 연근조림이다.

깻잎은 어떨까. 마찬가지로 중국에서 이미 절여서 들여온 깻잎을 쓰는 제품(중국산 재료를 쓴 간장 깻잎)이 많다. 거기다 GMO 콩과 캐러멜색소, 액상과당을 넣어 만든 질 낮은 간장을 쓰고, 중국산 다진 마늘, MSG(L-글루타민산나트륨)를 써서 맛을 낸 제품이 대부분이다. 양념과 고추씨 기름 등이 물과 따로 놀지 않도록 유화제를 쓰는 제품도 꽤 있다. '엄마의 마음으로 화학조미료를 일절 쓰지 않았다'고 광고하는 제품에서도 괴사성 장염 논란이 있는 잔탄검이 포함돼 있었다.

국 제품도 찝찝하기는 마찬가지다. 특히 양념장에 정체를 알 수 없는 '00 베이스'가 포함된 것이 걱정스럽다. 식품 표기법상 전체 중량의 5% 미만인 첨가물은 상세 명을 쓰지 않아도 된다. 예컨대 쇠고기 미역국에 '쇠고기 맛 베이스'라는 소스(대부분 하청 기업에서 납품받는 형식)를 사용한다고 하자. 이 '쇠고기 맛 베이스'가 MSG와 향료 등 각종 화학조미료 A·B·C와 보존료, 산도조절제 D·E를 조합한 소스라고 해도 전체 중량의 5%를 넘지 않으면 단순히 '쇠고기 맛 베이스'라고만 써도 된다. 'MSG, 합성향료, 합성조미료, 보존료, 산도조절제'를 표기하지 않아도 된다는 말이다. 국에 5%면 꽤 큰 함량인데 이런 양념 베이스의 세부 재료를 표기하지 않는 것은 마뜩잖은 일이다.

이를 악용하는 사례도 있다. 한 소고깃국 제품에는 '명품 조미 믹스, 소고기 베이스 C, 양지 국물 농축액, 고소한 풍미 분말' 같이 기성 소스를 넣었지만, 각각 기성 소스의 함량이 전체의 5%를 넘지 않아 세부 재료명을 쓰지 않았다. 이런 경우 소스 하나하나는 5% 미만일 수 있지만, 만약 4~6개가 들어간다면 전체의 20~30%를 차지하는 양이 될 수 있다. 결코 간과해서는 안 되는 양이다. 어른의 경우 체표면적이 넓어 쉽게 희석될 수 있지만, 어린이의 경우 심각한 위해로 이어질 수 있다.

이런 반찬을 매일 먹는 경우 어떤 부작용이 나타날지 아무도 모른다. 문제는 소스류를 여러 개 쓰는 제품이 꽤 많다는 것이다. 반찬이나 국 제품의 뒷면 원재료명 표기에 '00 베이스', '00 맛 양념' 등 정체불명의 소스가 적혀 있으면 내려놓는 게 좋다.

표 28 대기업에서 만든 버섯 된장찌개

원재료명 및 함량
양반 버섯 된장찌개 육수(413g), 정제수, 두부[대두;미국,캐나다,호주), 응고제, 소포제, 재제소금(국산)], 무(국산), 표고버섯 4.8%(국산), 대파(국산), 홍고추(국산), 다시마 추출액, 멸치 추출 농축액/버섯된장찌개 양념장(47g);구수한 집 된장 38%[된장(대두:외국산), 한식메주된장(대두;외국산), 개량 메주된장, 주정, 탈지대두분], 재래식생된장 33.6%[대두(외국산), 소맥분(밀;미국산,호주산), 정제 소금, 한식된장, 메주된장], 정제수, 쇠고기추출물[소고기추출액(소고기;호주산), 정제 소금(국산)], 저당, 조개야채추출물, 된장찌개베이스, 청양고추 추출물, 청양고춧가루, 다시마추출액, 향미증진제, 고춧가루, L-글루타민산나트륨(향미증진제), 복합조미식품, 양파농축액, 혼합제제(효모추출물, 말토덱스트린), 대두, 밀, 쇠고기, 조개류(홍합) 함유

재료도 문제다. 국 제품 중 농약 논란이 있는 중국산, GMO 논란이 있는 미국산 재료를 쓰는 경우가 많다. 버섯 된장찌개 제품을 예로 들어보자[표 28]. 주요 재료인 두부와 된장은 GMO 콩으로 만든 것이다. 국내산이 아닌 수입산 콩은 99%가 GMO 콩이라 보면 된다. 양념은 알 수 없는 추출물들로 가득하다. 된장찌개 베이스는 어떤 재료로 만들어졌는지 쓰여 있지 않지만 저렴한 콩 찌꺼기로 만든 아미노산 첨가물에 조미료를 섞어 맛을 낸 저급 소스일 가능성이 높다. 또 MSG와 같은 화학조미료도 두 가지나 포함돼 있고 점도를 높이는 말토덱스트린 등도 첨가물로 포함돼 있다. 집에서 된장찌개를 만들 때 절대 첨가하지 않을 물질들이다.

'식품첨가물로 흔히 사용되는 D-소르비톨액, 아스파탐(감미료), 글루코노델타락톤(GDL) 첨가물을 넣지 않았습니다'라고 대문짝만하게 표기한 대기업 식품회사의 미역국 제품도 GMO 간장, MSG 같은 향미증진제를 넣어 팔고 있었다. 유통 제품의 한계일까. 첨가물이 완전히 빠진 반찬 제품은 극히 드물었다. 매일 먹기에는 무언가 꺼림칙한 기분이 들 수밖에 없다.

최근에는 화학 첨가물을 넣지 않고 직접 조리해서 배달하는 반찬 가게도 많이 생겼다. 자신 있는 곳은 언제든 불시에 공장을 방문하라고 광고하기도 한다. 인터넷에 '무첨가 반찬'이라고 치면 많은 반찬 가게들이 뜬다. 좀 더 발품을 팔고, 직접 전화해 꼼꼼히 따져보면 좋은 반찬 배달 업체를 만날 수 있다.

배달 주문이 번거로울 때는 근처 반찬 가게를 방문해도 좋다. '화학조미료 무첨가, 천연 조미료 사용'이라는 문구를 내건 동네 반찬 가게도 많이 생기고 있다. 백화점에서도 천연 조미료를 사용하는 반찬 가게들이 입점해 있는 곳이 많다. 7시가 넘으면 마감 세일을 해서 비용도 저렴해진다.

단, 개인적으로 대형마트나 시장 등에서 파는 반찬은 잘 살펴보고 고르는 편이다. 중국산 재료와 화학조미료를 쓰는 품목이 조금 더 많기 때문이다. 재래 시장에서 파는 반찬은 아예 원재료명 표기가 없어 무엇으로 만든 것인지 알 수 없는 경우도 많다. 물론 마트나 시장 반찬 가게 중에서도 일부는 자연 조미료, 좋은 국산 재료를 사용하는 곳이 있다. 그런 곳을 발견하면 단골 가게로 만들자.

칼 럼

반찬 고를 때 꼭 살펴봐야 할 것

반찬 제품을 고를 때 가장 신경 써서 살펴봐야 할 것은 국산 재료 여부다. 마트 반찬들을 살펴본 결과, 비슷한 패턴을 확인할 수 있었다. '주재료=국산→첨가물 최소화', '주재료=외국산→첨가물 폭탄'이라는 패턴이다. 주재료를 중국산이나 미국산 등 외국산으로 쓰는 제품은 양념 등 부재료도 하급으로 쓰는 경우가 많다. 주재료의 맛과 질이 떨어지니 화학조미료나 향료를 최대한 많이 써 부족한 부분을 상쇄시키려는 이유이다. 수입해 들여오느라 물컹해진 주재료의 물성을 조정하기 위해 증점제나 품질개량제를 쓰기도 한다.

둘째는 화학조미료 유무다. 주재료를 국내산으로 사용하는 제품도 화학조미료를 많이 쓰는 경우가 간혹 있다. 그럴 때는 첨가물 개수가 가장 적은 것을 고르면 좋다. 이때 첨가물은 '해당 재료를 마트에서 오늘 살 수 없는 것'이라 생각하면 쉽다. 콩, 밀가루, 설탕, 소금 같은 재료는 당장 그 자리에서 살 수 있는 것이지만 L-글루타민산나트륨, 잔탄검, 카라기난, 액상과당 등은 바로 구하기 어려운 재료들이다. '쇠고기 맛 베이스, 고소한 풍미 분말, 명품 채소 베이스' 등의 재료도 마트에서 살 수 없는 것들이다. 이런 정체불명의 재료가 최소한으로 들어가고, '양파 추출물, 멸치 추출물, 당근 추출물'이 아니라 원물 그대로 '양파, 멸치, 당근' 등이 쓰여 있는 제품을 고르는 게 좋다.

'엄마의 마음', '전통 방식 그대로', '유명 셰프의 초이스' 등의 미사여구를 단 제품도 주의하라고 조언하고 싶다. 시중 반찬 제품들을 살펴보니 제품명, 광고 문구와 제품의 질과는 전혀 관계가 없었다. 미사여구와는 정반대로 저질 재료를 쓰는 제품도 꽤 많이 확인됐다. 특히 음식점 브랜드, 유명 셰프의 이름을 딴 브랜드를 조심하자. 실제 그 음식점, 또는 셰프가 만든 음식과는 거리가 있다. 긴 시간 유통을 거쳐야 하므로 실제 음식점에서 파는 것과는 다르게, 화학조미료와 보존료를 더 넣은 경우가 대부분이다.

반찬류는 대기업 제품이나 중소기업 제품 간 질적인 차이가 없었다. 일반 가공식품은 대기업 제조사가 아무래도 첨가물을 적게 넣으려고 노력하는 모습이 보였다. 하지만 반찬류에서는 대기업 제품도 조미료가 많이 들어간 경우가 있고, 중소기업 제품이 오히려 화학조미료를 적게 쓰고, 천연 재료를 사용한 경우도 꽤 있었다.

마트나 백화점 등에서 직접 만든 반찬을 사는 경우도 많은데, 원재료 표기 의무가 없어 찜찜하다. 만든 날짜가 아니라 반찬 용기에 담은 날짜가 제조일자이기 때문에 유통기한도 미심쩍다. 일부 비양심적인 마트는 팔리지 않은 반찬을 다음날 재활용하는 경우가 있다. 팔다 남은 반찬에 새 재료를 조금 넣고 맛이 강한 양념으로 버무린 뒤 새 용기에 담아 팔면 소비자가 알아보기 힘들다. 그러니 즉석 반찬을 살 때는 반드시 용기 아래쪽도 살펴봐 오래된 반찬이 섞여 있지 않은지 확인해야 한다.

02 시리얼이 맛있는 이유는 '설탕'

아직도 아침밥 대신 시리얼을 주는 부모가 있는지 모르겠다. 그릇에 시리얼을 담고 우유를 부어주기만 하면 되니 이것보다 더 편한 아침 상차림이 있을까. 맛도 좋고 달콤하며 바삭바삭 씹히는 식감도 좋다. 밥과 반찬을 차려 놓으면 시큰둥한 아이도 우유에 시리얼을 주면 얼른 달려와 먹는다.

표 29 국내 유명 대기업의 콘플레이크

원재료명 및 함량
옥수수 66%(수입산), 백설탕, 정제 소금(국산), 맥아엿, 식물성경화유지, 혼합제제(비타민C, DL-alpha-토코페릴아세테이트, 나이아신아미드, 분말비타민A, 비타민B6염산염, 비타민D3. 비타민B1염산염, 비타민B2, 엽산, 말토덱스트린), 피로인산제이철, 혼합제제[글리세린, d-토코페롤(혼합형)(대두), 글리세린에스테르], 산화아연

하지만 시리얼은 매일 아침 식탁에 올리기 적당한 식품은 아니다. 우선 국내 대표적인 시리얼 회사 제품표 29의 원재료명을 살펴보자. 주재료인 옥수수가 수입산이라고 적혀 있다. 어느 나라인지 정확히 표기하지 않았지만, 식품 전문가는 안다. 그 가격에 시리얼을 팔려면 값싸고 물량을 안정적으로 공급할

수 있는 미국이나 인도, 브라질산 GMO 옥수수를 쓸 수밖에 없다는 것을. 앞서 말했지만 GMO는 아직 안정성도, 위험성도 확실하게 밝혀지지 않은 작물이다. 확실하지 않을 때는 조심하는 쪽이 낫다. 체표면적이 큰 어른이라면 모르지만, 아이에게는 위험할 수 있기 때문이다. 또한, **시리얼은 과도한 당 함유량 때문에도 피해야 한다. 주재료인 옥수수 다음으로 많이 들어가는 재료가 설탕(당)이다.** 시리얼을 우유에 넣으면 우유까지 맛있어지는 이유도 설탕이 한 움큼 들어갔기 때문이다.

대부분 시리얼에 첨가되는 식물성 경화유지도 마음에 들지 않는다. 식물성 경화유지란 액체 상태의 식용유를 인위적으로 고체 상태로 만든 것이다. 시리얼의 바삭한 식감을 만드는 데 이만큼 좋은 첨가물이 없다. 하지만 혈관을 굳게 해 심혈관 전문의들이 섭취에 주의하라고 당부하는 대표적인 물질이다. 여기다 글리세린 같은 유화제도 들어간다. 칼슘이나 비타민C 등 각종 비타민도 포함돼 있다고 자랑하지만, 미량인 데다 화학 첨가물일 뿐이다. 또 화학 비타민을 집어넣기 위해 유화제를 그만큼 더 써야 하니 득보다 실이 많다.

아이들이 좋아하는 코코아 맛이나 초콜릿 맛, 후르츠 맛 시리얼은 더하다. 건강 곡물로 만들었다고 앞면에 대문짝만하게 표기한 코코아 시리얼의 경우, GMO 옥수숫가루가 가장 많이 함유돼 있었다. 그다음이 설탕, 밀가루 순이었다. 설탕은 전체 함량의 20%를 넘게 차지했다. 귀리와 보릿가루는 전체 5.2%에 불과했다. 역시나 보존성을 향상하고 식감을 개선하는 탄산칼슘·제삼인산칼슘, 합성 착향료와 유화제인 글리세린지방에스테르도 포함돼 있었다. 이렇듯 시리얼은 밥과 반찬을 대신하기에 너무나도 모자란 첨가물 덩어리 식품이다.

기자 엄마의 선택

매일 아침은 아니겠지만 가끔 시리얼을 먹이고 싶다면 뒷면을 잘 확인하길 바란다. 우선 확인해야 할 것은 주재료인 옥수수, 밀 등이 국내산인지 여부다. GMO와 과다한 농약 섭취를 피하기 위해서다. 둘째는 설탕 함유량이다. 주재료인 옥수수, 또는 밀가루 바로 다음에 설탕이 쓰여 있는 것은 과감히 내려놓는다. 이런 것은 설탕 함유량이 20%에 달하는 제품이다. 설탕이 원재료명 거의 끝부분에 표기돼 있다면 비교적 조금 들어있다고 볼 수 있다. 그 밖에 팜유나 식물성 경화식용유, 착향료가 표기된 제품은 피한다.

일부 설탕과 첨가물 없이 국내산 오트밀로만 만든 시리얼 제품이 있기도 하다. 하지만 바삭하고 달콤한 맛은 기대할 수 없다. 그래도 건강을 생각한다면 100% 오트밀로 만든 시리얼을 먹이는 것이 좋다.

03 카레가 건강 식품이라고?

매일 먹는 반찬이 지겨울 때, 간단히 일품요리로 만들어 먹을 수 있는 게 바로 카레다. 노란빛 카레는 왠지 건강에도 좋을 것 같다. 카레에 든 커큐민이라는 성분이 심혈관질환, 치매, 대사질환, 우울증 등에 좋다는 연구 결과도 하루가 멀다고 발표되고 있다. 하지만 아쉽게도 시중에 파는 카레는 우리가 알고 있는 그 카레가 아니다. 연구자들이 몸에 좋다고 말하는 카레는 정확히 '카레 분'이다. 카레 분은 강황에 쿠민, 훼누그릭, 펜넬 등의 향신료가 들어간 가루다. 특히 강황 속 커큐민 성분이 우수한 생리학적 효과를 보인다. 하지만 우리가 마트에서 사는 '카레'는 '카레 분에 각종 화학 첨가물을 넣어 만든 것'이다.

그렇다면 얼마나 많은 첨가물이 들어있을까. 카레 분이 몸에 좋으니 첨가물이 좀 들어가도 괜찮지 않을까. 하지만 실제 원재료명 표기를 살펴보면 주객이 전도된 것을 알 수 있다. 우리나라 대표 카레 제품[표 30]을 살펴보자.

표 30 대기업이 만든 대표 카레

원재료명
밀가루(밀;미국산, 호주산), 덱스트린, 카레 분 10.5%[강황(인도산), 코리안더(모로코산), 쿠민, 훼누그릭, 펜넬], 혼합식용유[팜올레인유(말레이시아산), 팜스테아린유(말레이시아산)], 정제 소금, 옥수수 분, 복합조미식품, 식물성크림, 양파 맛 분말, 마늘 맛 분말, 설탕, 변성전분, 조미 양념분, 조미유, 간장 맛 분말, 효모추출물, 과일소스분

우선 가장 많이 들어있는 재료는 밀가루다. 바다 건너왔으니 수확 후 농약을 뿌린 제품일 가능성이 높다. 그다음이 카레 분일까? 아니다. 덱스트린이라고 하는 첨가물이다. 덱스트린은 옥수수나 감자, 밀 등의 전분에서 화학적으로 추출한 물질이다. 식품에서 증점제나 충전제, 방부제 역할을 한다. 공업용 풀, 제과 제품의 접착제로도 쓰인다. 그다음이 카레 분이다. 전체 중 10%에 불과하다. 그밖에도 포화지방 함량이 높은 팜스테아린유가 쓰였다. 주목할 것은 양파 맛 분말, 마늘 맛 분말, 간장 맛 분말이다. 양파, 마늘, 간장을 그대로 사용한 것이 아니라 화학 실험을 해 해당 '맛'이 나도록 만들어진 가루를 넣었다는 것이다. 양파, 마늘을 그대로 썼다면 '맛'이라는 글자를 빼고 '양파 분말', '마늘 분말' 등으로 표기했을 것이다. 또 씹히는 맛이 나도록 옥수수 분, 변성전분을 넣었다. GMO 작물일 가능성이 99%인 원료다. 나머지 부족한 맛은 조미 양념분, 복합

조미식품 등 알 수 없는 양념으로 보충했다. 전체 중량의 5% 이하인 재료여서 세부 재료명을 쓰지 않았다. 내용물은 알 수 없지만, 분명히 MSG 계열의 화학 가루를 썼을 것이다.

카레를 먹지 말자는 얘기가 아니다. 그렇게 따지면 먹을 가공식품이 하나도 없다. 하지만 카레를 마치 건강식품인 양 아이에게 자주 먹이는 가정이라면 그건 좀 생각을 해보자는 말이다. 카레로 면역력이 향상되고, 머리가 좋아지는 것을 기대하면 안 된다. 그런 건강학적 효과를 생각한다면 강황 가루, 카레 가루(커리 분, 커리 파우더 등으로 표기)를 사서 요리에 뿌려 먹는 게 좋다. 우리가 건강식품인 줄 알고 먹었던 카레는 카레 분 조금에 각종 첨가물을 가득 넣은 또 하나의 가공식품이라는 점을 잊지 말아야 한다.

짜장은 또 어떨까. 짜장은 중국의 춘장에서 유래됐다. 춘장은 대두를 밀가루와 소금으로 발효시켜 만든 중국식 된장이다. 마트에서 파는 짜장 가루는 대부분 수입산 밀가루와 콩으로 만든 춘장을 쓴다. 여기에 덱스트린 첨가물로 양을 늘리고 점도를 맞춘 다음 MSG 등 각종 화학조미료를 듬뿍 넣어 맛을 낸다. 또 짜장의 가장 큰 문제는 캐러멜색소다. 콜라에 들어가는 캐러멜색소는 짜장에도 포함되어 있다. 그렇지 않으면 검은색을 낼 수가 없다. 앞에서도 말했지만 캐러멜색소는 암 유발 논란이 있다.

기자 엄마의 선택

마트 표 카레는 각종 첨가물과 외국산 밀가루 함량이 높은 식품이다. 그래서 자주 해 먹지는 않는다. 가끔 살 때는 영양 성분을 반드시 살펴본다. 가장 먼저 보는 것이 '카레 분' 함량이다. 일반 제품은 8~10% 정도라 밀가루보다 함량이 낮다. 하지만 잘 살펴보면 카레 분 함량이 밀가루보다 더 많은 제품이 있다. 일부 수입 제품은 카레 함량이 60%에 이르고 대두유, 소금, 토마토페이스트 정도만 넣기도 했다. 아예 강황과 쿠민, 훼누그릭, 펜넬, 고수 등으로만 이뤄진 카레 분도 있다. 인터넷에 '무첨가 카레'를 검색하면 여러 제품이 나온다. 이 카레 가루에 국산 밀가루를 넣고 걸쭉하게 끓인 다음 소금과 설탕으로 간을 맞추면 첨가물 없는 진짜 건강한 카레를 만들 수 있다. 손은 조금 더 가지만 아이에게 먹일 카레라면 이 정도 수고는 할 수 있지 않을까.

짜장은 우리 밀과 우리 콩으로 발효시켜 만든 춘장이 80% 이상 들어가 있는 제품을 고른다. 여기에 화학조미료 대신 국내산 맛 내기 재료를 사용한 제품이면 금상첨화다.

04 당황하지 않고 건강한 달걀 선택하는 방법

달걀, 채소, 고기 등의 신선 제품은 요리를 하는데 없어서는 안 될 필수 재료다. 하지만 고를 때마다 걱정되는 것이 사실이다. 달걀은 꼭 무항생제 제품을 사야 하는지, 채소는 꼭 유기농을 사야 하는지, 아기 이유식에 쓸 고기는 수입제품을 사면 안 되는지 등 고민할 게 너무 많다. 신선 제품을 유형별로 분류하고, 수많은 선택지를 줄일 수 있는 방법을 소개한다. 달걀부터 살펴보자.

아이들 밥반찬으로 달걀만큼 좋은 식품은 없다. 우선 맛있다. 달걀 프라이를 싫어하는 아이는 보지 못했다. 달걀찜이나 달걀말이 등 아이들이 좋아하는 다양한 요리를 만들 수 있다. 게다가 요리하기도 간편하다. 둘째는 값이 싸다. 단백질을 섭취하기 위해 고기나 생선을 먹으려면 많은 돈을 지불해야 하는데, 달걀은 그렇지 않다. 여기에 단백질 외 다른 영양소도 풍부하다.

한국에서 소비되는 달걀은 한해 134억 6,000만 개 정도다. 달걀이 들어간 빵, 과자, 라면 등까지 포함하면 국민 한 사람당 1년에 256개의 달걀을 먹는다고 한다. 엄청난 양이다. 특히 아이들에게는 하루 한 알 이상 꼭 요리를 해주는 부모들이 많다. 하지만 자주 먹이다 보면 그만큼 안전성이 걱정되는 것도 사실. 특히나 우리나라는 '살충제 달걀' 논란으로 한바탕 홍역을 치렀다. 달걀에서 살충제 성분이 검출되다니, 아이를 키우는 부모라면 모두 분통이 터졌을 것이다. 이를 계기로 달걀의 생산·관리에 관한 대책 마련에 많은 관심이 쏟아졌지만, 소비자는 아직까지도 꺼림칙한 부분이 많다. 과연 우리 아이에게 어떤 달걀을 먹여야 할까.

우선 달걀을 고르기 전 상품 유형부터 알아둘 필요가 있다. 시중에서 파는 달걀을 보면 '유정란', '방사란', '유황이나 마늘을 먹여 키운 닭이 낳은 달걀' 등 너무 많은 유형이 있다. 무항생제 마크, 유기농 마크, 동물복지 마크, 해썹 마크 등 인증제도 너무 많다. 달걀 제품에서 가장 많이 볼 수 있는 인증 마크를 살펴보면 다음과 같다.

무항생제 인증 마크

가장 흔히 볼 수 있는 것은 무항생제 마크다. 무항생제 달걀은 항생제 주사나 항생제가 든 사료를 먹이지 않고 키운 닭이 낳은 것이다. 하지만 '항생제' 여부에서만 관리될 뿐 다른 조건은 똑같다. '무항생제' 마크만 달려있다면 공장식 사육 공간에서 자란 닭들이 낳은 달걀일 가능성이 높다. 공장식 사육 공간은 마리 당 0.075㎡로, A4 복사용지보다 작다. 닭들은 날개조차 펼 수 없는 좁은 공간에서 극도의 스트레스를 받으며 기계처럼 알만 낳는다.

국내 산란계 닭 사육 농장은 약 1,400여 곳인데, 이들 농장의 99%가 닭들을 철창 케이지에 감금해 기르는 공장식 축산이다. 케이지에서 길러지는 닭들을 보면 벼슬은 찌그러지고, 발은 창살에 끼고, 목 주변에는 항상 상처가 나 있다. 흙 목욕도 할 수 없어 항상 진드기 때문에 스트레스를 받는다. 진드기를 없애려고 살충제를 쓰는 곳도 있다. 밤새 잠도 못 자게 불을 켜 놓기 때문에 면역력도 떨어져 있다. 닭들이 케이지 안에만 있어 수탉과 어울릴 시간이 없기 때문에 유정란이 아닐 가능성이 높다.

닭들이 아프면 어떻게 할까. 무항생제 달걀도 항생제를 쓰긴 한다. 알을 낳는 시기를 피해 예방적 조치로 항생제를 투여한다. 닭이 아파 알을 낳는 시기에 어쩔 수 없이 항생제를 썼다면 한동안 휴약 기간을 둔다. 항생제를 투여하는 기간에 낳은 알은 무항생제 인증 마크를 달지 못하고 일반 달걀로 출하한다. 하지만 이를 농가가 잘 지키는지는 알 수 없다. 자율에 맡기기 때문이다. 정부가 주기적으로 샘플을 검사하지만, 불시가 아니라 예고된 날이다.

무항생제 마크에 '유정란' 문구도 적혀 있다면 어떤 달걀일까. 항생제를 쓰지 않는 것은 물론 공장식 케이지가 아닌 다소 넓은 사육 시설에서 자랐을 가능성이 높다. 유정란을 만들려면 어떻게든 수탉과 교미를 해야 하므로 일정 기간 풀어 놓고 기를 수밖에 없다. 무항생제 마크에 '방사' 달걀이라고 적힌 것도 비슷하다. 방사형이란 말 그대로 풀어놓고 길렀다는 뜻이다. 공장식 축산 농가에서 생산한 달걀보다 스트레스를 훨씬 덜 받았을 가능성이 높다.

하지만 최근 유정란 중에는 케이지에서 기르면서(공장식 사육)

수탉의 정자를 이식해 인공수정으로 뽑아내는 것도 있다. 또 방사형이라고 해도 자연에서 완전히 풀어 놓고 기르는 자연 방목형이 아니라 비닐하우스같이 좁은 곳에 풀어 놓고 기르는 방사형도 있다. 더욱이 둘 다 정부에서 인증하는 제도가 아니기 때문에 글자 그대로 믿기 어렵다. 진짜 유정란, 방사 달걀을 파는 업체도 있지만, 일부 비양심적인 업체도 있을 수 있다는 얘기다.

동물복지 인증 마크

'동물복지' 인증 마크까지 달려있으면 어떤 달걀일까. 동물복지란 말 그대로 동물들이 최소한의 행복을 누릴 수 있게 만들어주는 제도다. 일반 공장식 생산 달걀이나 무항생제 달걀보다 넓은 보금자리에서 자란 닭이 낳는 달걀에만 인증 마크를 붙인다. 당연히 케이지 사육은 할 수 없고 모래찜질 시설이나 산란 상자, 횃대 등 닭의 자유와 본성을 존중하는 환경이 조성돼야 한다.

무항생제에 '유기농(유기 축산)' 인증 마크가 달려있으면 가장

유기농 인증 마크

까다로운 인증절차와 관리를 거친 달걀이다. 당연히 케이지 사육은 안 되며 동물복지 인증의 약 2배에 달하는 넓은 보금자리를 제공해야 한다. 모래찜질 시설, 횃대 등은 물론 동물 운동장까지 마련해줘야 한다. 전체적으로 동물복지 산란계보다 좀 더 쾌적하고 건강한 환경에서 자란다고 보면 된다. 가장 큰 차이점은 사료다. 유기농 축산에서는 농약이 검출되지 않는 유기농 사료만 먹인다. 동물복지나 무항생제 달걀은 이런 조건이 없다.

무항생제, 동물복지, 유기농 인증 마크 중 아무것도 붙어 있지 않은 달걀은 좁디좁은 케이지에서 극심한 육체적, 심리적 스트레스를 받으며 평생을 사는 닭이 낳은 알이다. 항생제와 성장촉진제는 물론, 달걀노른자가 진해 보이도록 착색제가 든 사료를 먹이는 곳도 있다. 보통 마트에서는 이런 일반 달걀을 찾아보기 힘들다. 대부분 재료가 대량으로 필요한 식당에서 사용하거나 우리가 많이 먹는 빵이나 과자, 패스트푸드류에 쓰인다. 음식점에서 무료로 제공되는 달걀찜, 달걀말이도 대부분

이런 저가의 공장식 생산 달걀을 쓴다. 항생제와 스트레스 호르몬으로 가득 찬 달걀로 만든 반찬, 과자, 빵 등을 먹는다고 생각하면 꺼림칙하다.

해썹 인증 마크

해썹 인증 마크는 달걀 선택에서만은 무시해도 될 것 같다. 지난 살충제 파동에서도 확인됐지만, 살충제가 나온 달걀 업체는 물론 공장식 사육 축사 등 대부분의 양계장이 해썹 인증을 받았다. 건강한 달걀을 선택하기 위한 인증 기능은 다소 떨어져 보인다.

그렇다면 어떤 달걀을 골라야 할까. 가장 안전하고 건강한 달걀은 유기농 인증 마크가 찍힌 달걀이다. 넓은 축사에서 마음껏 뛰어놀고 암탉과 수탉이 함께 살면서 자연스럽게 생산된 달걀이다. 닭이 먹는 사료 또한 농약이 포함돼 있지 않으니 이보다 더 건강한 달걀은 없다. 다만 가격이 비싼 게 흠이다. 한 알에 700~800원 선이다. 비싼 것은 1,000원인 것도 있는데, 목초액이나 발효액 등을 먹여 닭의 장 건강까지 생각해 생산한 달걀이다. 경제적으로 넉넉하다면 이런 고급 사료를 먹인 닭의 달걀이 좋겠지만 그냥 유기농 달걀 정도도 아주 훌륭하다.

두 번째로 건강한 달걀은 '무항생제+동물복지+자연 방사' 조합이다. 유정란 중에서도 진짜 자연 방목한 닭이 낳은 달걀이 있고, 큰 비닐하우스 안에서 방목하며 키운 닭이 낳은 유정란도 있다. 국내 동물복지 인증 농장 132곳 중 자유 방목으로 인증된 곳은 전국 15개 정도밖에 없다(2017년 기준). 자연 방사 달걀은 보통 600~800원 선이다. 항생제를 투여하지 않고 자연스러운 환경에서 자란 달걀이라고 생각하면 된다. 유기농 달걀과 다른 것은 사료에 농약이 포함될 수 있다는 점이다. 물론 기준치 이하로 관리된다.

셋째는 무항생제+동물복지 조합이다. 방사형 달걀보다 닭의 생활 환경이 약간 떨어질 수 있다. 유기농 사료도 아니다. 가격대는 400~500원대다. 넷째는 무항생제 마크만 표시된 제품이다. 가격은 300원대다. 아무래도 공장식 비좁은 공간에서 스트레스를 받고 자란 닭이 낳은 알일 가능성이 높다.

마지막은 아무 인증제도 표시되지 않은 제품이다. 항생제와 농약 사료, 과도한 스트레스를 받은 닭들이 생산한 달걀이다. 가정에서는 이런 달걀을 사 먹는 경우가 거의 없을 테지만, 사 먹는 음식 대부분에 저급 달걀이 사용되었을 가능성이 높다.

매일 먹는 달걀은 가격이 비싸더라도 좋은 것을 선택하길 추천한다. 무항생제이면서 동물복지 인증을 받은 방목형 달걀(600원 정도) 정도면 좋다. 비싸다고 생각할 수 있지만, 아이들이 매일 먹는 음식이니 다른 데 들어가는 비용을 줄여서라도 좋은 것을 먹였으면 한다. 단, 유기농 달걀은 일반 마트나, 친환경 전문 매장에서도 잘 팔지 않는다. 인터넷으로 농가에 직접 주문해야 하는 경우가 많다. 또 동물복지인증 달걀 중에서도 진짜 자연 방목형 달걀은 인터넷 직거래가 많으니 잘 확인하고 사자. 의심 가는 부분은 업체에 직접 전화해서 자세히 물어보자. 경제 사정이 좀 빡빡한 달은 400원짜리 무항생제 동물복지 인증 달걀 정도도 괜찮다. 웬만큼 괜찮은 환경에서 자란 달걀이라 할 수 있다.

또 한가지 팁이라면 같은 회사 제품을 연속해서 먹지 말라는 것이다. 아무리 믿을만한 제품이라도 생각지 못한 곳에서 문제가 생길 수 있어서다. 예컨대 원래부터 방사능이나 살충제에 오염된 땅에서 길러지는 등의 상황이다. 이런 것은 일부러 측정하지 않으면 알 수 없다. 그래서 한 가지 브랜드 제품만 계속 이용하기보다는 바꿔가면서 먹기를 추천한다. 혹여나 좋지 않은 성분이 있더라도 몸에 축적되는 것을 그나마 막을 수 있다. 믿을만한 제품을 서너 개 정도 골라 놓고, 석 달에 한번 정도 업체를 바꿔가며 먹으면 좋다.

05 유기농 채소를 꼭 사야 할까?

마트에 가면 채소류는 두 섹션으로 나뉜다. 하나는 일반 채소류, 하나는 친환경 제품이다. 친환경 인증은 크게 '유기농', '무농약' 두 가지로 나뉜다. 예전에는 유기농, 전환기 유기농산물, 무농약, 저농약 농산물로 구분했는데 헷갈리기도 하고 실효성이 떨어져 두 가지로 통합됐다. 유기농, 무농약 마크 외에 어떠한 표시도 인증된 것이 아니니 유의해서 봐야 한다.

예컨대 유기농, 무농약 인증 표시 없이 그냥 '친환경'이라고만 적혀 있거나 '무공해', '청정'이라는 문구만 적혀 있으면 의심해 봐야 한다. '친환경 유기농 사과'는 국가에서 친환경 인증을 받은 것이지만 '친환경 사과'라고만 적혀 있거나 유기농이나 무농약 마크가 없으면 국가에서 인증받은 제품이 아니다. 사람들이 흔히 말하는 '친환경'은 유기농 인증이나 무농약 인증을 아우르는 수식어일 뿐이다.

또 채소 포장에 '무공해 미나리', '청정 미나리' 등이 적혀 있으면 농약이나 화학비료를 사용하지 않은 것으로 생각하기 쉬운데 이것도 아니다. '무공해'나 '청정'이라는 용어는 무농약이나 유기농과 같은 친환경 인증제와 혼동을 줄 수 있어 사용하지 못하게 되어있다. 하지만 일부 비양심적인 농민이나 유통업자들이 그 단어를 사용하고 있다. 물론 정보에 어두운 농업인이 해당어를 사용하면 안 되는 것을 모르고 쓰는 경우도 있다.

유기농 농산물과 무농약 농산물은 어떤 차이가 있을까. 일단 무농약과 유기농 모두 최종 출하품에서 농약이 검출되면 안 된다. 여기에 유기농은 식물을 기를 때 화학비료를 사용하면 안 된다는 규정까지 있다. 화학비료는 식물의 성장을 빠르게 하고 모양을 좋게 하지만 토양을 오염시킬 수 있어 주의해야 한다. 유기농은 화학비료 대신 가축 퇴비나 왕겨 등 자연 유래 퇴비를 사용한다. 일반 채소는 화학비료와 농약 등을 쳐서 기른다. 그렇다고 일반 채소가 농약 범벅인 것은 아니다. 농약은 일정 기준 이하로 출하되게 관리한다.

그렇다면 무조건 유기농 채소를 사야 할까? 사실 유기농 채소에 대해 회의론을 펼치는 사람도 많다. '진짜' 유기농 채소는 없다는 것이다. 유기농 인증을 받은 농가 중 화학비료나 농약을 몰래 사용하는 곳도 꽤 많다. 실제 2014년도 KBS 취재진이 일반 마트에서 파는 친환경(유기농, 무농약 인증을 받은) 채소 80점을 수거해 분석했는데 30점에서 농약이 검출됐다. 30~40%에 달하는 수치다. 물론 기준치 이하이긴 했다. 하지만 법대로라면 농약이 전혀 검출되지 않아야 했다는 점에서 충격이 컸다.

또 주위에서 농사를 짓는 분들의 이야기를 들어보면 농약을 안 치고는 작물을 재배할 수 없다고 한다. 유기농을 하는 분들도 몰래몰래 농약을 치는 경우가 꽤 있다는 말도 들었다. 사실 그렇다. 유기농 인증을 받은 곳도 갑자기 벌레가 꼬이면 농약을 치고 싶은 마음이 들 수밖에 없다. 이에 새벽에 몰래 나와 농약을 치고, 단속을 피하는 등 불법적인 행위가 이뤄지는 곳이 간혹 있을 수 있다. 소비자를 기만하는 느낌을 지울 수 없지만, 반대로 전체 유기농 농가의 60~70%는 그런 유혹을 참아가며 열심히 농사를 짓고 있다는 의미이기도 하다.

아직 허점이 많지만, 그래도 우리가 유기농, 무농약 채소를 소비해야 하는 분명한 이유가 있다. 건강상의 문제보다는 다음 세대를 위한 선택이라는 점이 핵심이다. 유기농은 농약을 덜 치고, 화학비료를 덜 사용하는 재배 방법이다. 유기농, 무농약 농사를 지으면 지렁이나 곤충 등 미생물이 죽지 않아 살아있는 땅이 된다. 농약을 많이 치는 일반 재배 방법은 땅을 점점 죽인다. 요즘 논밭에 지렁이나 뱀 등 살아있는 생물을 거의 볼 수 없다. 죽은 땅이 되면 영양분이 없어지기 때문에 그다음 해에 화학비료를 더 써야 하고 농약도 더 많이 쳐야 한다. 토양과 물은 점점 나빠지고 결국 해는 우리에게 돌아온다. 우리 딸이나 아들이 성인이 되어 먹는 채소, 과일은 더욱더 농약에서 자유로울 수 없으며, 척박한 환경에서 재배될 수밖에 없어진다.

생산자인 농민들이 농약을 덜 치게 만드는 주체는 결국 소비자다. 소비자가 유기농 제품을 원할수록 그것을 생산하려는 농민이 많아진다. 그리고 그것은 곧 땅이 비옥해지고 생태계가 정상화된다는 뜻이다. 반대로 일부 잘못된 농민 때문에 유기농 자체를 폄하하고, 외면하는 소비자들이 많아질수록 유기농을 포기하는 농업인이 많아질 것이다. 사실 유기농을 한다는 것 자체가 큰 용기다. 자칫 잘못하면 한해 농사를 완전히 망

쳐버릴 수도 있기 때문이다. 유기농을 하는 사람들은 적어도 환경을 지킨다는 소신이 있다. 또 대량 생산이 힘들기 때문에 버리는 작물도 많다. 시설 비용도 많이 든다. 이런 상황에서도 친환경 농업을 이어가는 이들에게 더욱 큰 격려를 보내주고, 많은 물건을 팔아줘야 한다. 단, 진짜 유기농을 지속할 수 있도록 정부와 지자체에서는 지원을 아끼지 않고, 몰래 농약을 치지 않도록 대안 비료 등을 개발해야 한다. 농진청에서는 농약을 덜 쳐도 되는 품종을 개발하고 작물 재배법을 연구해나가야 한다. 또한, 인증원에서는 관리 감독을 강화해 법을 어긴 농가에는 인증을 취소하는 등의 조치를 게을리하지 말아야 할 것이다.

친환경 제품과 일반 제품의 가격 차이는 약 1.5배 정도다. 50%의 돈을 더 내지만 건강상 효과는 10~20% 정도밖에 없을지 모른다. 돈을 내는 만큼 건강상 효과는 얻지 못할지라도 친환경 제품을 사는 것이 환경을 보호하는 고귀한 활동이라고 생각한다. 그런 사람이 많아질수록 우리가 살아가는 토양, 물과 대기가 조금씩 정상으로 돌아올 것이다. 이런 이유로 유기농 채소와 과일을 사 먹기를 추천하고 싶다. 물론 선택은 개개인의 몫이다.

칼 럼

반드시 유기농을 선택하지 않아도 되는 채소·과일은?

돈이 많다면 환경을 위해서라도 친환경 제품을 선택하는 게 좋지만, 가계 수입은 정해져 있다. 아이들 학비 등으로 지출이 많은 시기에 음식 재료에 돈을 투자하는 일은 쉽지 않다. 가성비 있는 선택을 해야 한다면 일반 농산물도 괜찮다. 요즘 사용되는 농약은 독성도 약할뿐더러 몇 주 안에 분해되는 것들이 많다. 또 농촌진흥청 등에서 농약 저감 재배법 등을 보급해 예전에 관행적으로 농약을 많이 뿌리던 시대보다 사용이 크게 줄었다. 예방적 차원에서 무턱대고 많은 농약을 쳤던 관행 농법에서 딱 필요한 만큼만 뿌리는 농법으로 바뀌고 있는 추세다.

그럼에도 껍질 그대로 먹는 것, 잎이나 줄기 그대로 입에 들어가는 것은 될 수 있으면 유기농이나 무농약을 선택하는 게 좋다. 농약은 껍질 부분에 가장 많이 묻어 있으며, 채소의 내부 세포로 이행되는 것은 극히 일부이기 때문이다.

과채류 중에는 껍질째 먹는 딸기, 체리, 토마토, 방울토마토, 포도 등을 친환경 제품으로 고른다. 껍질을 깎아 먹는 과일은 꼭 유기농으로 사지 않아도 된다. 단, 조직이 무르고 달아 해충의 위험이 높은 사과, 배, 복숭아는 농약을 많이 뿌리는 편이기 때문에 잘 씻고, 껍질을 되도록 두껍게 깎아 먹는 게 좋다. 바나나, 오렌지 등 외국에서 수입하는 과일은 해당 국가에서는 농약을 많이 치지 않지만, 배송 과정이 문제다. 반드시 잘 씻어 먹거나 껍질을 두껍게 깎아야 한다. 키위는 품종 자체가 병충해에 강하기 때문에 원래부터 농 약을 거의 치지 않아 꼭 친환경 제품을 먹지 않아도 된다.

채소류는 대부분 생것 그대로 먹으므로 유기농이나 무농약 제품을 선택하는 게 좋다. 농약은 가열한다고 없어지지 않는다. 특히 오이, 파프리카, 깻잎, 상추, 고추, 파는 농약을 많이 치거나 농약이 조직에 많이 남을 수 있는 품목이므로 될 수 있는 한 유기농이나 무농약을 먹는 게 좋다. 단, 브로콜리나 청경채 같은 채소는 농약 사용량이 적은 편에 속한다. 버섯도 농약을 거의 치지 않는 품목이다. 시금치도 제철에는 농약을 거의 치지 않으므로 꼭 친환경 제품을 선택하지 않아도 된다. 뿌리채소류는 농약보다 화학비료 등에 영향을 많이 받는다. 따라서, 뿌리채소는 유기농을 선택하는 게 더 좋다.

한편, 유기농이든 일반 채소든 씻는 데 인색하면 안 된다. 일반 채소는 농약이 있을 수 있어 잘 씻어야 하고, 유기농 제품은 농약을 안 써 곤충 등 미생물이 있을 수 있어 잘 씻어야 한다. 일부 사람들이 유기농법으로 재배한 것은 그대로 먹어도 된다고 생각하는데, 틀린 말이다. 식중독 위험이 크므로 반드시 잘 씻어 먹어야 한다.

말린 채소·과일, 간식으로 활용하세요

이렇게 건강한 채소를 골라도 아이가 먹지 않으면 의미가 없다. 특히 몸에 좋은 것만 챙겨주는 부모의 품을 떠나 어린이집이나 유치원을 다니기 시작하면 아이들의 입맛은 큰 유혹을 받는다. 이 시기부터 부모들의 고민이 시작된다. 비교적 채소와 과일을 잘 먹던 아이도 이를 거부하고 과자처럼 달고 부드러운 것만 찾는 경우가 많아진다. 어떻게 해야 입맛을 예전으로 되돌릴 수 있을까.

우선 간식부터 신경을 쓰자. 조리법을 조금만 달리하면 영양가 높으면서도 건강한 간식을 먹일 수 있다. 간식류로 강력하게 추천하는 것이 말린 과일과 뿌리채소류다. 과일이나 뿌리채소를 말리면 천연 단맛이 강해지고 영양분은 더 농축되어, 많은 에너지가 필요한 아이들 간식으로 제격이다. 맛도 달기 때문에 아이들이 잘 받아들이는 편이다.

뿌리채소는 미네랄과 식이섬유가 풍부해 면역력 증강에도 큰 도움이 된다. 고구마·감자·당근·연근 등이 적당하다. 단, 식이섬유가 많아 물을 더 자주, 많이 먹게 해줘야 한다. 냉장고에 넣어 6~7일은 보관할 수 있으니 주 1회 한 번씩 말린 뒤 간식으로 주면 좋다. 바나나·키위·귤·사과 등 대부분 과일은 말려도 무방하다. 단, 너무 바싹 말리지 말아야 한다. 아이가 씹기 어려울 수 있기 때문이다. 시중에 과일이나 뿌리채소류를 말리는 조리기구가 많이 나와 있으니 한번 눈여겨보자.

채소를 싫어하는 아이는 어떻게 해야할까. 사실 채소를 싫어하는 것은 본성이다. 아이는 초록·푸른색 계열을 '독'이라고 생각해 본능적으로 두려움을 느낀다. 어른도 싫어하는 음식을 주면 그것을 삼키기 위한 엄청난 용기가 필요하다. 이때는 '8번 노출 원칙'을 기억하면 좋다. 여러 연구에 의하면 아이는 싫어하는 음식에 최소 8번 노출되어야 그 음식을 받아들인다고 한다. 이를 위해 재료를 가지고 노는 것을 추천한다. 싫어하는 채소·과일로 얼굴 모양을 만들거나 숫자놀이를 해 노출 빈도를 늘려간다. 어느 순간 경계가 풀어져 자신도 모르게 삼키는 순간이 온다. 3~4세(식습관 형성기)까지 노출되지 않은 음식에 대해서는 부정적 기호가 생겨 평생 편식을 할 수 있다. 영아기일수록 다양한 음식을 최소 8번 이상 노출해주어야 한다.

06 무항생제 고기의 비밀

이유식을 시작한 엄마에게 가장 신경 쓰이는 것 중 하나가 고기 선택이다. 생후 6개월 이후부터는 단백질과 철분 섭취를 위해 손바닥 반 정도 크기만큼의 쇠고기를 매일 먹이는 게 좋다. 시간이 좀 더 지나면 닭고기와 돼지고기도 함께 먹인다. 꽤 많은 양을, 매일 먹여야 하다 보니 당연히 안전성이 신경 쓰인다. 고기에 항생제가 들어있는지, 스트레스 호르몬으로 가득 차 있는 것은 아닌지, 지방 비율이 높지는 않은지 걱정스럽다.

육류 선택을 위해서는 우선 종류부터 알아야 한다. 우리나라에서 유통되는 육류는 크게 일반 고기, 무항생제 고기, 유기농 고기로 나뉜다. 쇠고기든 돼지고기든 닭고기든 똑같다.

일반 가축은 대부분 좁디좁은 공장식 사육시설에서 길러진다. 마블링, 즉 지방이 많은 1++ 등급을 받기 위해 운동을 거의 시키지 않는다. 사육에서부터 도살 과정까지 극심한 스트레스를 받을 수밖에 없다. 사료는 어떨까. 일반 육류 가축은 대부분 값싼 유전자 변형 원료(GMO)를 성분으로 한 사료를 먹는다. 특히 소에게 풀을 먹여야 하는데, 지방 함량을 늘리고 살을 찌우기 위해 옥수수가 섞인 사료를 먹인다. 옥수수를 먹여 키운 소는 풀만 먹은 소보다 오메가3 지방산과 비타민, 몸에 좋은 여러 항산화 성분이 적다. 포화지방도 풀만 먹은 소보다 많다. 안타깝게도 이제 소고기는 단백질의 탈을 쓴 지방이 되어가고 있다. 또한 짧은 시간 안에 기르기 위해 대부분의 사료에는 성장촉진제와 항생제가 섞여있다.

무항생제 고기의 경우 가축에게 항생제나 성장촉진 호르몬제가 든 사료를 먹이지 않는다. 예방 차원에서 항생제 주사를 놓는 것도 허용하지 않는다. 일반 소보다 축사는 좀 더 넓고 사육 환경도 조금 더 쾌적하다. 질병에 걸리지 않게 여러 조치도 받는다. 만약 가축이 심하게 아파 어쩔 수 없이 항생제를 써야 한다면 수의사의 감독 아래 사용한다. 그리고 휴약 기간을 둬 출하 전 항생제가 남지 않게 한다. 전반적으로 일반 가축보다 좀 더 좋은 환경에서 길러져 애초부터 질병에 노출되지 않도록 노력한다. 가격은 일반 고기보다 1.5배 정도 더 비싸다.

유기농 고기는 사육 환경이나 사료 등 모든 관리 기준이 일반 고기는 물론, 무항생제 고기보다 훨씬 더 우수하다. 면적도 넓고 쾌적하며 동물이 스트레스를 받지 않도록 최대한의 노력을 기울인다. 초지에 키우는 경우도 많다. 이밖에 가장 큰 차이점은 사료다. 항생제, 항균제, 성장촉진제나 호르몬제가 들어있는 사료를 쓰지 않는다. 유기농법(농약이나 화학비료를 쓰지 않음)으로 키워진 사료만 먹는다. 또 가축이 병에 걸리지 않도록 유산균 등이 첨가된 특수 사료를 먹이기도 한다.

그래서 아기 이유식에 쓸 고기라면 유기농 고기를 추천하는 편이다. 무항생제 고기도 좋지만, 가격 차이가 얼마 나지 않고, 오히려 더 싼 경우도 있으니 이왕이면 유기농을 추천한다. 유기농 고기는 무항생제 고기보다 스트레스 관리 면에서 훨씬 장점이 많다. 열악한 환경에서 자라 도축된 고기에는 독성 호르몬이 남을 가능성이 높다. 무항생제 고기는 항생제 유무를 중점 관리하기 때문에 환경적인 관리가 잘되지 않은 곳도 꽤 있다. 그에 비해 유기농 고기는 환경적인 면에서 관리가 철저해 피나 근육 등에 남아있을 스트레스 호르몬, 독성 물질 등에서 자유로울 수 있다. 인터넷에 '유기농 소고기, 돼지고기, 닭고기'

를 검색해 보면 직거래로 배송해 주는 곳들이 대 여섯 군데 있다. 일주일 정도 냉장 보관이 가능하니 주 1회 정기배송을 받는 것도 좋다.

물론 일반 고기도 나쁘지는 않다. 항생제 면에서는 잘 관리되는 편이긴 하기 때문이다. 만 2~3세 이후 아이의 체표면적이 좀 더 커져 작은 화학물질에 영향을 덜 받게 되면, 일반 고기를 먹여도 상관없다. 고기 자체가 너무 비싸기 때문에 언제까지나 유기농이나 무항생제 제품만을 먹일 수는 없기 때문이다.

유기농 고기를 선택할 때 한 가지 알아두어야 할 점은 지방 함량이 일반 고기류보다 적다는 것이다. 특히 쇠고기의 경우 마블링(지방)이 많을수록 더 좋은 것이라 생각하는 사람이 많지만 꼭 그렇지는 않다. 1++보다 덜 부드러울 수 있지만 진하고 고소한 특유의 매력이 있다. 닭고기와 돼지고기도 단백질 함량이 더 높고 피와 살에 스트레스 호르몬이 적어 더 건강하다. 이유식에 고기를 쓰는 이유는 지방이 아니라 단백질과 철분을 얻기 위해서다. 따라서, 이유식 시기에는 단백질이 많은 유기농 고기가 더 잘 맞는다.

외국산 고기는 어떨까? 마트에 가면 저렴한 수입육 판매대가 소비자의 눈길을 끈다. 똑같은 양념고기인데도 한우에 비해 절반 이상 싼 품목이 있다. 수입육은 왜 이렇게 싼 걸까. 가장 큰 이유는 '냉동' 제품이기 때문이다. 우리나라보다 땅이 넓은 미국 등지에서 대량 사육된 축산물은 단가가 싸다. 이들을 냉동시켜 들여와 국내에서 해동하기 때문에 가격이 저렴하다. 하지만 한번 얼렸다 녹인 고기는 냉장육에 비해 풍미나 식감이 확실히 떨어진다. 영양소도 미량이지만 파괴될 수밖에 없다. 수입 고기 대부분이 구이용이 아니라 양념육으로 팔리는 이유도 식감이 좋지 않아서다. 흐물거리고 좀 오래된 고기도 양념을 하면 달라질 수 있기 때문이다.

최근에는 포장 기술이 발달해 수입 고기를 냉장육으로 들여오는 경우도 늘고 있다. 하지만 이 경우 특수 포장과 유통 비용이 들기 때문에 한우와 가격 차이가 크지 않다. 비슷한 가격이면 유통 과정이 짧은 한우를 먹는 게 좀 더 낫다. 일부에서는 호주나 뉴질랜드 등의 유기농 축산물 생산 농가와 직거래로 계약해 냉장 수입육을 파는 곳도 있다. 이런 경우 국내 유기농 쇠고기보다 가격이 저렴할 수도 있으니 기호에 따라 선택하면 된다.

칼 럼

친환경 인증제 표시, 잘 알고 구입하세요

아이를 키우는 집이라면 친환경 식품에 관심이 많을 것이다. 가격이 비싸도 갓 태어난 아이에게 친환경 재료로 음식을 해 먹이고 싶은 마음은 누구나 비슷하다.

채소류의 친환경 인증는 단 두 가지뿐이다. '유기농'과 '무농약' 표시다. 풀네임으로 '유기농산물', '무농약농산물'이라고 표기된다. 유기농 농산물은 '농약(유기합성농약)'과 '화학비료'를 둘 다 사용하지 않고 재배하는 것을 가리킨다. 무농약농산물은 농약을 사용하진 않지만, 권장 시비량 3분의 1만큼의 화학비료는 사용한다. 예전에는 농약을 2분의 1 이하로 살포하고, 화학비료를 절반 이하로 사용하는 '저농약' 표시제도 있었지만 이를 제대로 지키는 농가가 없어 폐기됐다. 농약을 더 많이 쓰고도 절반 이하로 썼다고 보고한 후 적발된 사례가 너무 많았기 때문이다. 친환경이라는 표기는 주의해서 봐야 한다. 간혹 유기농, 무농약 인증을 받지 않은 업체가 제품 포장지에 '친환경으로 재배한'이라는 문구를 쓰는 경우가 있는데, 이는 엄연한 불법이다. '친환경'이라는 마크도 정부에서 인증한 것이 아니면 현혹되지 말자.

돼지고기나 소고기 등 축산물에도 친환경 인증제가 있다. '유기축산물'과 '무항생제축산물'이다. 언뜻 무항생제 마크가 더 높은 등급처럼 보이지만 유기축산물이 한 단계 더 높은 인증이다. 유기축산물은 동물이 병에 걸리지 않게 인위적으로 투여하는 항생제나 합성 항균제, 축산물의 부피를 늘리기 위한 성장촉진제 등의 호르몬제를 투여하지 않는다. 사료 역시 화학비료와 농약을 사용하지 않은 '유기 사료'를 사용한다. 번식에서도 자연 교배를 권장하며 정기적인 약물 투여가 금지돼 있다. 또 축사 면적, 시설, 분뇨 처리 방법, 동물 복지 및 질병 관리, 운송·도축·가공 과정의 품질 관리 등에 대해서도 구체적인 인증 기준이 정해져 있다.

무항생제 축산물은 유기 사료(화학비료와 농약을 사용하지 않은 사료)는 아니지만, 항생제, 합성 항균제, 호르몬제가 포함되지 않은 사료를 먹여 사육한 축산물을 말한다. 사육방식은 전체적으로 유기축산물보다 낮은 등급으로 관리되지만, 성장촉진제나 호르몬제는 투여하지 않는다.

축산물에는 '동물복지' 인증 마크도 있다. 먹거리의 안전성보다는 동물의 권리(animal rights)에 초점이 맞춰져 있다. 친환경 인증이 친환경 육성법을 따른다면 동물복지 인증은 동물복지법(29조)을 따른다. 닭 사육 공간은 케이지(마리당 0.075㎡의 공간)가 아닌 땅바닥 사육(평사에서 바닥 면적 1㎡당 9마리 이하로 사육)을 하고, 횃대(perch)를 사용해 닭의 스트레스를 줄인다. 스트레스 없는 닭의 품질이 더 좋은 것은 물론이다. 공간이 넓어 항생제나 항균제 등의 사료를 쓰지 않아도 잘 큰다. 단, 공간을 확보해야 하므로 비용이 많이 든다. 밀집 사육 농장의 달걀보다 가격이 훨씬 비싼 것도 단점이다.

이런 친환경 제품을 고를 때는 인증번호를 확인하는 게 좋다. 간혹 친환경인증을 받지 않고도 마크를 달거나, 인증 기간이 지난 번호를 올려두는 비양심적인 업체도 있다. 정부에서 운영하는 친환경인증관리 정보시스템(http://www.enviagro.go.kr)에 접속해 인증번호를 기재하면 실제 인증 여부를 간단히 확인할 수 있다.

PART 7

식품 필수 성분, 기름과 장 챙기기

01 기름, 목적에 맞게 쓰지 않으면 '독'

부엌에서 빠질 수 없는 것 중 하나가 바로 식용유다. 하지만 식용유를 고를 때마다 고민이 된다. 콩 식용유 하나밖에 없었던 예전에 비해 선택지가 너무 많아졌기 때문이다. 카놀라유, 포도씨유, 올리브유는 물론, 현미유와 호두·아몬드유까지 있다. 저마다 효능이 좋다고 광고해 더욱 헷갈린다. 하지만 아무리 좋은 기름이라도 목적에 맞지 않으면 오히려 건강을 해칠 수 있다. 기름에는 저마다의 특성이 있으니 이를 잘 알고 사용해야 한다.

카놀라유 고온에서 화학 용매를 이용해 유채 씨를 짜낸 식용유다. 우리가 먹는 음식들은 오메가3보다 오메가6의 비율이 압도적으로 높다. 체내 오메가6 비율이 높으면 염증반응과 노화 작용이 빨라진다. 그 때문에 오메가3가 많은 음식을 의식적으로 먹어줘야 한다. 카놀라유 역시 오메가3보다 오메가6의 비율이 높긴 하지만, 다른 식용유에 비하면 오메가3의 비율이 높은 편에 속한다. 또 콜레스테롤을 낮추는 올레인산도 많다. 가격이 싼 것도 장점이다. 발연점은 240도 이상으로 튀김, 부침, 볶음 등 모든 요리에 활용할 수 있다. 고유의 맛이 없는 편이라 요리의 향과 맛을 방해하지 않는다. 단, 캐나다산 유채 씨가 원료라 대부분 GMO 종자라는 점이 단점이다. 단백질이 제거됐지만 GMO 성분은 남아 있어 아직 완전히 안전하다고도, 그렇다고 유해하다고도 말할 수 없다. 현대 과학의 한계다.

포도씨유 포도 씨를 고온에서 화학 용매를 이용해 짜낸다. 오메가6의 비율이 카놀라유나 대두유에 비해 조금 높다는 단점이 있다. 하지만 항산화 효과가 있는 토코페롤 함량도 매우 높다. 발연점은 230~260도 정도로 튀김, 구이, 부침 등 모든 요리에 쓸 수 있다. 고유의 맛이 없어 요리의 향과 맛을 방해하지 않고 잘 살린다. 빵이나 베이커리용으로도 사용한다. 일부 고가의 포도씨유 중 저온에서 압착해 짜낸 기름도 있다. 마트에서 파는 것이 아니라 대부분 직수입 제품들이다. 인터넷에 압착 포도씨유라고 검색하면 화학 용매 없이 물리적으로 압착해서 파는 포도씨유가 나온다. 단, 압착유는 발연점이 낮아 다양한 요리에 쓰기에는 제한이 있다.

콩 식용유 대두를 고온에서 화학 용매를 이용해 짜낸다. 발연점이 220~240도 정도로 높아 튀김, 부침, 볶음 등 다양한 요리에 쓰인다. 오메가6와 오메가3의 비율이 비교적 양호한 편이다. 하지만 산화 안전성이 다소 떨어진다. 또 GMO 콩이 원료인 식용유가 대부분이라 아쉽다.

올리브유 올리브유는 두 가지가 있다. 흔히 마트에서 보는 올리브유는 엑스트라 버진 올리브유다. 맛과 향이 좋은 최상급 올리브를 눌러서 짜낸 것이다. 오메가3와 오메가6가 적은 대신 항산화 작용이 강한 올레인산이 풍부하다. 발연점은 180~200도 정도로 낮은 편이다. 가벼운 볶음 요리 정도에 쓰는 게 적당하다. 높은 온도에서 가열하면 발암물질이 나온다. 향이 풍부해 샐러드 소스나 빵에 찍어 먹을 때 사용해도 좋다.

퓨어 올리브유는 하급 올리브유인 정제유다. 맛과 향이 조금 떨어지는 2등급 올리브에 열을 가한 후 불순물을 걸러 짜낸다. 엑스트라 버진과 마찬가지로 올레인산이 풍부하다. 정제유는 220~250도 정도의 발연점을 가지고 있다. 높은 온도에서도 산화 안전성이 좋아 발암물질이 덜 생성되지만, 향과 맛이 없다. 일반 식용유처럼 튀김이나 부침, 볶는 용도로는 좋다. 하지만 샐러드용으로 맞지 않다.

현미유 쌀겨를 고온에서 화학 용매를 이용해 짜낸다. 오메가6 지방산 비율이 23%, 오메가3 지방산 비율이 1% 정도다. 항산화 역할을 하며 콜레스테롤을 낮추는 올레인산의 비율이 43%로 매우 높다. 혈중 콜레스테롤을 흡수하는 식물스테롤의 함량도 식용유 중 가장 높다. 발연점은 240도라 튀김, 구이 등에 모두 사용할 수 있다. 향이 좋아 쌀 과자나 마요네즈 제조 시에도 쓰인다.

견과유 아몬드와 호두를 고온에서 화학 용매를 이용해 짜낸다. 발연점이 230~250도라 볶음, 그릴, 구이 요리에 좋고 튀김에도 괜찮다. 고소한 향이 있어 샐러드 드레싱 등에도 사용할 수 있다. 오메가3 지방산이 매우 풍부해 혈관질환 예방에 도움이 된다.

이렇게 많은 식용유 중에 어떤 기름을 선택해야 할까. 이때 세 가지 기준을 가지고 식용유를 살펴보면 도움이 된다. 첫째

발연점이 높아 발암물질이 적게 나올 것, 둘째 오메가6의 비율이 낮고 오메가3의 비율이 높을 것, 셋째 GMO가 아닌 원료일 것. 여기에 조금만 더 욕심을 부리자면 화학 용매를 쓰지 않은 압착식(물리적 압착) 제조 방법을 쓴 것, 그리고 국내산 원료일 것이다.

하지만 아쉽게도 이 모든 조건을 만족하는 기름은 드물다. 두세 가지 조건을 만족하면 다른 한 가지 조건이 맞지 않는 식이다. 예컨대 카놀라유와 콩기름은 특유의 향과 맛이 없고 발연점이 높아 모든 요리에 쓸 수 있고, 오메가3 비율이 양호하다. 하지만 원료가 GMO라는 단점이 있다. 물론 기름 성분이라 최종 제품에서 GMO가 검출되지 않지만, 과학적으로 안전하다고 해도 명확히 증명되지 않아 꺼림칙하다는 사람이 많다. 엑스트라 버진 올리브유는 화학 용매를 쓰지 않고 올레인산이 많으며 GMO가 아니라는 장점이 있다. 하지만 발연점이 낮아 튀김이나 오래 볶는 요리에 쓰기가 어렵다. 포도씨유는 발연점이 높으며 GMO가 아니다. 향이 없어 모든 요리에 쓸 수 있지만, 오메가6의 비율이 높아 많이 먹을 경우 세포 염증, 암 유발 등의 가능성이 우려된다. 화학 용매 추출 방식이기도 하다. 현미유는 국산 재료이며 올레인산이 풍부해 혈관 건강을 상대적으로 덜 해친다는 장점이 있지만, 화학 용매(헥산) 추출 방식을 쓴다는 점이 다소 걸린다. 견과유도 오메가3가 풍부하다는 강점이 있지만, 화학 용매 추출 방식이며 수입산 원료라는 점이 조금 아쉽다.

그래도 이 중에서 하나만 고르라면 현미유이다(태국산이 아닌 국내산. 인터넷에 국내산 현미유라고 검색하면 몇 종류가 나온다). 어차피 압착유는 발연점이 낮아 튀김이나 구이 등을 할 수 없다. 발연점이 높은 식용유를 고르려면 화학 용매 추출 방식을 선택할 수 밖에 없다. 그 중에서는 현미유가 가장 장점이 많다. GMO가 아니라 국산 원료이며, 발연점이 높아 벤조피렌 등이 덜 생기며, 올레인산이 풍부해 혈관 건강을 덜 해친다. 맛도 담백하며 고소해 어느 요리에나 어울린다. 단, 올리브유를 써야 풍미가 사는 요리가 있다. 파스타, 스테이크 등이 대표적이다. 집에 현미유와 올리브유 정도를 구비해두고 일반적인 요리를 할 때는 현미유를, 올리브유를 써야하는 요리에는 엑스트라 버진 올리브유를 쓰면 무난하다.

02 진한 기름이 무조건 좋을까?

참기름 제품도 꽤 여러 가지가 나와 있다. 제품을 고를 때 첫째 '국산'인가, 둘째 '참깨 분'이 아닌 '통참깨'로 만들었나, 셋째 '색이 너무 진하지 않은가'를 보면 좋다. 국산이 좋은 이유는 두말할 필요가 없다. 상태가 좋아 그만큼 영양소가 잘 보존되고 산화가 덜 된 상태일 가능성이 높다. 참깨 분으로 만든 참기름이 좋지 않은 이유는 통참깨보다 빨리 변질되고 산화가 빠르기 때문이다. 영양소 파괴도 그만큼 빠르다. 제품 뒷면 원재료명에 '참깨 분'이라고 적힌 것은 조용히 내려놓는 게 좋다.

색이 너무 진한 것이 좋지 않은 이유는 발암물질 때문이다. 고온에서 오래 볶으면 발암물질인 벤조피렌이 생기며, 색도 진해진다. 방앗간에서 전통 방식으로 오래 볶아 짜낸 진하고 고소한 참기름이 오히려 안 좋을 수 있다는 얘기다. 또 시장에서 병에 담아 파는 참기름(영양 성분이나 원재료명 표기가 없는 제품)도 별로 추천하지 않는다. 정상적인 유통을 거친 참기름은 벤조피렌

검사를 받게 돼 있지만 직접 판매하는 경우 검사를 거치지 않는 경우도 많기 때문이다.

벤조피렌이 문제가 되니 최근에는 저온에서 압착해 짜낸 참기름이 나오고 있다. 향과 색은 연하지만 건강에는 훨씬 좋다. 저온 압착유 중에서는 원적외선으로 꼭 필요한 열만 순간적으로 가해 짜낸 참기름도 있다. 역시 색은 연하지만 맛과 향을 최대한 살린 제품이다. 기름을 짜내는 기계에 참깨 찌꺼기가 남으면 산패해 발암물질이 되기 쉬운데, 이런 기구 세척까지 신경 쓰는 제조회사도 있다. 단, 그만큼 비싼 게 흠이다.

들기름도 마찬가지다. 국산인지, 색이 너무 진한지를 확인하고 사는 게 좋다. 한국인이 즐겨 먹는 식품에는 오메가6의 비율이 압도적으로 높은데, 들기름은 오메가3 지방산 비율이 압도적으로 높은 몇 안되는 귀중한 식품이다. 때문에 밥을 비벼 먹거나, 나물을 무칠 때 등 될 수 있으면 들기름을 쓰려고 노력한다. 고기를 찍어 먹을 때도 반드시 들기름을 쓴다. 고기에는 오메가6의 비율이 높으므로, 오메가3가 많은 들기름이 이를 보완해준다. 단, 향이 어울리지 않는 일부 무침 요리에는 참기름을 쓴다. 또 들기름은 산패가 빨리 되는 편이라 가급적 작은 병에 든 것을 산다. 반드시 냉장고에 보관하고, 1~2개월 안에 다 쓰는 게 좋다. 천연항산화제가 든 참기름을 20% 정도 섞어 보관하면 6개월까지도 괜찮다.

개인적으로 참기름과 들기름은 국산, 저온압착 제품을 사 먹는다. 인터넷에 저온압착 참기름·들기름을 검색해보면 제품을 파는 온라인 몰이 꽤 많다. 가격이 비싸지만, 오메가3 영양제 대신 먹는다고 생각하면 그렇게 비싼 것도 아니다. 영양소는 약이 아닌 식품으로 섭취해야 훨씬 좋다는 사실은 말할 필요도 없다. 기름은 투자할 가치가 있는 식품이다.

03 간장에도 발암물질이 있다?

한식 조리에서 빠질 수 없는 것이 바로 간장, 된장, 고추장이다. 음식의 간을 맞추는 데는 물론, 맛과 향을 내기 위해 다양하게 쓰인다. 거의 매일 먹는 조미료이니만큼 건강을 생각한 제품을 골라야 한다.

우선 간장부터 살펴보자. 한국인은 하루 평균 약 80g의 간장을 섭취한다. 요구르트 한 병이 조금 넘는 양으로 생각보다 꽤 많다. 아이들이라고 다르지 않다. 멸치조림, 장조림, 고기볶음 등 대부분의 밑반찬에 간장이 들어간다. 이렇게 빈번하게 섭취하는 간장은 어떻게 골라야 안전할까. 크게 세 가지를 꼭 체크해야 한다.

첫째는 발암물질이다. 시중에 판매되는 간장의 50~60%가 산분해간장을 재료로 쓴다. 산분해간장을 만들 때 생기는 3-MCPD란 유해물질이 문제다. 국제 식품첨가물 전문위원회

(JECFA)는 1993년 3-MCPD를 불임 및 발암 가능성이 있는 바람직하지 않은 물질로 규정했다. 이후 식품업계와 보건당국, 영양학자들 간에 많은 논쟁을 거쳐 2013년 국제암연구소(IARC)에서 발암 가능 물질로 분류했다. 그동안 보고된 부정적인 영향은 유전독성·생식독성(불임·고환 위축 및 퇴화 등)·신장독성·신경독성 등이다. 하지만 한국 보건당국은 산분해간장을 기준치 이하로 먹으면 안전하다고 보고 있다. 우리나라의 일일 3-MCPD 섭취 허용치는 0.3mg/kg이다. 유럽연합의 0.2mg/kg보다 높다.

두 번째는 첨가물이다. 전통 간장은 물·소금·메주만으로 만든다. 하지만 산업화 이후 간장이 대량 생산되면서 많은 부분이 바뀌었다. 메주에 소금물을 부어 간장을 만들려면 짧게는 두 달(일반 간장), 길게는 5년(진간장)이 걸린다. 또 햇빛을 얼마나 잘 쐬었나, 깨끗한 공기와 접촉(좋은 균주와 접촉)했느냐에 따라 결과물이 달라진다. 맛의 '균일화'를 담보할 수 없다. 그래서 식품회사는 식용유를 짜고 남은 콩 찌꺼기(탈지대두)를 염산으로 빨리 분해해 간장을 만드는 방법을 개발했다. 순식간에 간장의 주재료가 되는 아미노산이 생성된다. 여기에 소금을 첨가해 짠

맛을 조절한다. 1년 이상 숙성시킨 전통 한식 간장보다 당연히 색도 연하고 풍미가 없다. 때문에 캐러멜색소로 색을 진하게 하고 MSG 같은 각종 화학조미료로 맛을 낸다. 액상과당·스테비오사이드 같은 첨가물로 단맛도 더한다. 진짜 간장 맛과 비슷하게 흉내 내는 것이다. 라면 수프를 만드는 과정과 별반 다르지 않다. 여기에 오래 저장할 수 있게 합성보존료인 파라옥시안식향산에틸 등이 추가된다.

세 번째는 나트륨이다. 좋은 간장일수록 나트륨 함량이 낮다. 전통 간장은 메주가 소금물을 만나 자연 숙성되는 동안 다섯 가지 맛(짠맛·단맛·신맛·쓴맛·감칠맛)을 생성한다. 이 오미(伍味)가 짠맛을 보완해 나트륨이 덜 들어가도 맛있다고 느끼게 한다. 조리할 때 화학간장보다 전통 간장을 넣으면 양을 조금만 써도 간을 맞출 수 있는 이유다.

그렇다면 어떤 간장이 가장 좋을까. 발암물질·첨가물·나트륨이 적게 들어간 간장을 기준으로 삼자면 메주에 소금물을 넣고 발효시켜 만드는 '한식 간장'이 가장 좋다. 그러나 일반 마트에서 이 세 가지만 들어간 간장을 찾기란 매우 어렵다. 대부분 중소기업이나 개인이 만들어 팔기 때문에 마트에 납품하기가 쉽지 않기 때문이다.

이런 한식 간장을 구하려면 인터넷을 이용하면 된다. '전통간장' '재래식 간장' 등을 검색하면 여러 판매업소가 나온다. 가격은 조금 비싸지만, 노력과 수고에 비하면 그리 비싼 편은 아니다. 이들 제품을 살 때도 원재료명 표기에서 메주·소금·물로만 만들었는지 다시 한번 확인한다. 요즘은 인터넷으로 팔 때도 원재료명을 표기하게끔 되어있다. 소금은 천일염이 좋다. 염화나트륨 대신 염화칼륨이 많아 같은 짠맛을 내더라도 혈관질환을 높이는 나트륨 섭취를 다소 줄일 수 있다.

반대로 가장 안 좋은 것이 산분해간장이다. 산분해간장은 앞서 말한 대로 콩 또는 밀 찌꺼기를 염산으로 가수분해한 아미노산액을 탄산나트륨 등으로 중화시킨 후 소금·색소·캐러멜·각종 인공감미료 등을 넣어 만든다. 콩 이외의 첨가물이 가장 많이 든 간장이다. 산분해간장은 흔히 '진간장'으로 팔리는 경우가 많다. '진간장'은 원래 '진한 간장'을 뜻하는 말로, 5년 넘게 숙성시켜 맛이 깊고 단맛이 나는 간장을 가리키는 용어였다. 하지만 탈지대두와 밀, 액상과당과 각종 첨가물로 맛을 흉내 낸 간장의 상품명으로 쓰이면서 지금은 그 본질이 흐려졌다. 간장 제품 뒷면을 보면 '혼합비율' 표시란에 '산분해간장' 95%(제조사마다 약간씩 다름)라고 쓰여 있으니 잘 보고 고르면 된다. 보통 시판 진간장은 산분해간장에 양조간장을 조금 섞어 판매한다. 표 31에서 확인할 수 있듯이 탈지대두에 밀, 액상과당, MSG는 물론 발암물질 논란이 있는 안식향산에틸까지 들어있다. 마트에서 가장 많이 진열돼있는 간장이 바로 산분해간장이 다량 든 진간장(혼합간장)이다.

표 31 유명 기업에서 만든 진간장

원재료명
정제수, 탈지대두(인도산), 천일염(호주산), 기타 과당, 양조간장[탈지대두(인도산), 천일염(호주산), 소맥(밀)], L-글루타민산나트륨(향미증진제), 파라옥시안식향산에틸(보존료), 대두, 밀 함유
혼합비율
양조간장(총 질소1.0%) 5%, 산분해간장(총 질소1.0%) 95% 혼합

진간장은 최근 어린이집 등에서도 많이 쓰여 문제가 된 바 있다. 신한대 김영성 교수팀이 수도권 지역 어린이집과 유치원 212곳의 간장 사용 실태를 조사한 결과, 산분해간장이 포함된 혼합간장을 사용하는 곳이 전체의 46%였다. 경기도의 일부 구

에서는 80%에 달했다. 산분해간장의 일일 허용치는 어른 기준이며 아이와 임신부, 노약자 등은 특히 조심할 필요가 있다.

양조간장은 콩 또는 탈지대두에 쌀·보리·밀 등의 전분질 원료를 섞고 균을 접종시킨 뒤 소금물에 발효시켜 만든다. 약간의 발효 과정이 있기 때문에 산분해간장보다 조금 낫다. 하지만 메주 원료가 아니기 때문에 재래식 한식 간장보다는 맛이 덜하다. 산분해간장보다는 첨가물 개수가 적지만 역시 액상과당, MSG 등의 첨가물이 들어있다[표 32].

표 32 마트에서 판매되는 양조간장

원재료명
양조간장[탈지대두(인도산), 천일염(호주산), 소맥(밀)], 정제수, 천일염(호주산), 기타과당, 주정, 감초농축액(감초:우즈베키스탄산), 효소처리스테비아, 향미증진제 **대두, 밀 함유**

맛 간장이나 조림 간장[표 33]이라는 이름을 붙여 파는 제품들은 양조간장에 채소 농축액 등을 섞은 것이다. 역시 탈지대두와 밀을 쓴다. 또 액상과당을 다량 써 단맛을 내기 때문에 몸에 좋을 리 없다.

표 33 판매중인 조림 간장

원재료명
정제수, 액상과당, 천일염(호주산), 탈지대두[외국산(인도산, 미국산, 중국산)], 소맥(미국산), 물엿, 야채추출농축액-에스[양파(국산), 마늘(국산), 생강(국산)], 발효주정, 배농축과즙(국산), 사과농축과즙(국산), 효모추출분말, 국산양파엑기스(국산), 이소말토올리고당, 다시마농축액 대두, 밀 함유

국간장은 색이 연하고 염도는 가장 높다. 전통 간장에서는 막 담근 간장을 국간장이라고 한다. 나물을 무칠 때, 국에 간을 할 때, 본래 재료의 색을 변하지 않게 하면서 간만 맞추고 싶을 때 사용한다. 시중에 파는 국간장은 대부분 산분해간장에 양조간장을 조금 섞은 간장이다. 진간장보다 소금을 많이 넣은 제품이라고 보면 된다.

기자 엄마의 선택

한국 음식에는 간장이 많이 사용된다. 특히 간장에 절이거나 졸여 먹는 음식이 많다. 아무리 좋은 재료를 사도 수입산 저급 콩 찌꺼기를 염산으로 분해한 진간장에 졸여 먹으면 말짱 도루묵이지 않을까.

그래서 간장만큼은 콩, 물, 소금만 넣어 만든 '한식 간장'을 사 먹고 있다. 조금 비싸도 카페라테 4잔만 안 마시면 4달 정도 넉넉히 쓰는 5년 묵은 고급 간장을 살 수 있다. 염도가 적은 한식 간장은 약간 달면서도 풍미가 있다. 물론 조미료가 들어간 시판 진간장에 익숙해진 사람들은 맛이 좀 덜 달다고 생각할 수 있다. 그런 분들은 여기에 각종 채소와 과일을 넣어 만능 간장을 끓여 사용하면 된다.

04 된장, 고추장도 손맛이 아니라 조미료 맛

된장은 원래 메주로 장을 담가서 장물(간장)을 떠내고 남은 건더기이다. 간장과 마찬가지로 물, 메주, 소금 이외에는 들어갈 게 없다. 하지만 시판 된장에는 각종 첨가물이 들어있는 경우가 많다. 저급한 콩을 쓰면 맛이 덜해 향신료를 써야 하기 때문이다. 비교해보면 다음과 같다.

표 34와 같이 콩, 물, 소금 이외에 아무것도 들어있지 않은 것이 있는가 하면 표 35와 같이 콩 이외에 밀, 복합화학조미료 베이스, 식용유를 짜고 남은 콩 찌꺼기(탈지대두분), MSG 등이 들어간 제품도 있다. 소금도 천일염 대신 정제 소금을, 콩도 외국산을 썼다. 둘 다 '전통 집 된장'이라고 표기했지만 엄연히 차이가 있다.

표 34 지리산 지역에서 만드는 된장

원재료명 및 함량
대두(국산) 75%, 고로쇠 수액(국산) 20%, 천일염(국산) 4%

표 35 저가의 집 된장

원재료명 및 함량
된장[대두(외국산;미국, 캐나다, 호주 등), 소맥분(밀;미국산, 호주산), 정제 소금, 밀쌀, 한식 메주 분말, 종국], 직접 빚은 옛날 메주된장[대두(외국산:미국, 캐나다, 호주 등), 정제 소금(국산)], 콩발효메주된장[대두(외국산;미국, 캐나다, 호주 등), 정제 소금[(국산), 대두분, 종국], 주정, 정제수, 된장용지미베이스, 탈지대두분, 고춧가루, 정제 소금, 향미증진제, 대두, 밀 함유

고깃집 된장에 길들여진 젊은 세대들은 MSG가 들어간 시판 된장이 더 맛있다고 할 수 있다. 하지만 이런 된장은 건강에 도움이 되는 전통 된장과 다른, 일반 조미료라고 보는 게 더 맞다. 된장국에 밥을 말아주면 짭조름해 잘 받아먹는 아이들이 있다. 특히 이런 아이들에게는 반드시 콩, 물, 소금으로만 발효해 만든 전통 된장부터 먹여야 한다. 처음부터 MSG가 섞인 된장을 먹은 아이들은 화학조미료에 길들여져 자연식품을 멀리하고 자극적인 가공식품만을 찾을 가능성이 높기 때문이다.

표 36 경북 지역에서 제조한 전통 고추장

원재료명 및 함량
찹쌀 35%, 고춧가루 33%, 콩(메주) 15%, 9회 죽염 10%, 엿기름 7%(재료는 모두 국산입니다.)

고추장도 마찬가지다. 전통 고추장은 표 36처럼 찹쌀, 고춧가루, 메주, 소금, 엿기름 정도만 들어가지만 낮은 품질의 고추

장은 물엿이 가장 많이 들어가고 수입산 밀, 화학조미료 등으로 맛을 낸다. 또 고춧가루 함유율이 현저히 낮고 저품질의 중국산 고추 양념을 사용한다.

기자 엄마의 선택

된장국을 좋아하는 아이 때문에 반드시 메주, 물, 소금으로만 만든 된장을 쓴다. 어릴 때부터 좋은 된장을 먹어야 된장의 오묘하고 깊은 맛을 체득하게 된다. 밀과 MSG가 들어간 된장을 먹다 보면 유산균이 풍부한 진짜 된장은 멀리하게 된다.

고추장도 전통 방식으로 만들면 텁텁하고 윤기가 덜하다고 생각하는 사람이 많은데 최근에는 많이 개선됐다. 찹쌀, 고춧가루, 메주, 소금, 엿기름 정도만 쓰는 전통 고추장이라도 매실액 등을 첨가해 달콤한 맛을 살리고 갈변을 최소화한 제품들이 다양하게 나오고 있다.

최근에는 물 좋고 공기 좋은 산골 마을에서 만든 전통 된장, 고추장을 온라인에서 파는 업체들도 많아졌다. 인터넷에서 '전통 된장, 고추장'을 검색해보고 첨가물이 없는 제품을 고르면 된다. 일부 업체들은 직접 방문해봐도 좋다고 소개한다. 아이들 체험 학습 삼아 직접 방문해 보는 것도 추천한다.

에필로그

똑똑한 식품 소비의 시작점

오늘도 어김없이 도서관 가는 길에 요구르트 아주머니를 만난다. “엄마, 저기 조그만 요구르트 하나에 각설탕이 3개 들어 있지? 그리고 저기 길 건너 오빠가 먹고 있는 콜라에는 설탕이 8개쯤 들어 있지? 많이 먹으면 ‘돼지’ 되니까 난 안 사달라고 할 거야”. 6살 첫째 아이가 지나가면서 하는 말이다. 어렸을 때부터 워낙 식습관 교육을 해왔던 터라 이제 과자나 음료수에 든 설탕 개수 정도는 척척 잘 알아맞힌다.

그렇다고 사탕이나 과자를 아예 입에도 안 대는 아이는 아니다. 여느 6살 꼬맹이와 마찬가지로 알록달록 형형색색의 과자가 있으면 어김없이 눈이 휘둥그레진다. 하지만 또래 아이들보다 확실히 덜 먹는 편이다. 과자와 음료수에 든 첨가물의 위험성을 알기에, '혹' 했다가도 스스로 입을 떼고 만다. 먹더라도 반쯤 먹고 남기거나, 맛만 보고 마는 경우가 많다. 최근에는 세트 메뉴에 달려 나온 오렌지 주스를 아예 입에도 대지 않으려는 모습을 봤다.

나는 이 책의 독자들도, 또 그들의 소중한 아이들도 우리 아이와 같아졌으면 좋겠다. 아는 만큼 피하려고 애를 쓰는 것, 자연스럽게 덜 먹으려고 하는 신체 반응이 그것이다. 이 책을 다 읽고 나면 '이제 뭘 먹지?'라는 생각이 들 수도 있다. 과자나 음료수는 물론, 즐겨 먹던 마트 표 카레도, 유명 셰프가 만들었다는 마트용 즉석 반찬도, 모두 주의해야 할 식품이 될 것이기 때문이다. 나가서 사 먹는 음식들도 모두 의심의 눈초리로 쳐다보게 되니, 먹을 게 없다고 푸념할지도 모른다. 사다 먹었던 반찬들을 내팽개치고 신선한 채소와 고기를 사와 직접 요리하면서도 시간이 왜 이렇게 많이 걸리냐며 나를 원망할지도 모른다.

그래도 확실한 것은 그로 인해 훨씬 건강한 삶을 살게 될 것이라는 점이다. 아는 만큼 보인다고 했던가. 100만큼 알면 그래도 50만큼은 피할 수 있지만, 10만큼만 알면 5만큼도 피하기 어렵다. 모르고 먹었던 첨가물 가득한 마트 표 카레 대신에 무첨가 카레를 찾게 될 것이고, 모르고 먹었던 마트 표 반찬 대신에 천연 재료를 쓰는 반찬집을 찾게 될 것이다. 혹여 방문한 지인의 생일 파티에 마카롱과 케이크, 치킨과 콜라밖에 없을지라도 조금이라도 덜 먹으려 노력할 것이다. 그리고 그런 날은 집으로 돌아와서 신선한 채소와 고기로 만든 요리를 해 먹으며 화학물질 섭취로 인해 빠져나간 비타민과 무기질을 보충하려 애쓸 것이다.

이런 사람들의 변화는 업계의 변화로도 이어질 것이다. 식품업체의 꼼수를 알아보는 소비자들이 많아질수록, 식품 표기를 정확하게 읽는 사람이 많아질수록 꼼수보다는 '진정성'을 내세워 음식을 만들고 판매하는 업체들이 많아질 것이다. 찾는 사람들이 많아진 '착한 업체'는 도산하지 않고 묵묵하게 '업'을 이어나갈 수 있게 된다. 그런 업체가 많아질수록 소비자는 착한 식품을 더 쉽게 접하게 될 것이고, 구매도 더 쉬워질 것이다. 또한 우리 아이들은 화학조미료에 물들지 않고 건강한 입맛을 지켜나갈 수 있게 될 것이다. 건강한 입맛은 곧 '건강한 삶'을 뜻하고, 육체적으로나 정신적으로나 건강한 아이들이 많아지면 가정도 국가도 건강해진다.

첨가물이나 항생제, 농약, 과다한 당 섭취 등으로 인한 신체 반응은 한 번에 나타나는 것이 아니다. 우리 몸속에 차곡차곡 쌓이면서 수년 후 그 반응이 나타나기 시작한다. 물론 설탕 중독, 나트륨 과다 섭취 등의 폐해는 유아기에도 나타나 육체적·정신적 문제를 일으킬 수 있다.

건강한 식품 섭취는 아이들의 현재뿐 아니라 성인기, 나아가 노후를 건강하게 만들어준다. 이 책이 하나의 '똑똑한 식품 소비' 운동으로 이어지는 작은 시작점이 되었으면 좋겠다. 그러기 위해 책을 읽은 뒤 다른 분들께도 내용을 전달하고, 같이 공유하고, 실천하려 애썼으면 좋겠다.

이 책이 나오기까지 바쁜 '딸, 며느리, 아내, 엄마'를 인내하고 기다려준 부모님, 시부모님, 남편과 아이들에게 깊은 사랑을 전한다. 그리고 끝까지 응원해준 친구들, 동료, 선배와 후배들에게도 깊은 감사 인사를 드린다.

KI신서 9713
나 없이 마트가지 마라(개정판)

1판 1쇄 발행 2021년 6월 2일
1판 3쇄 발행 2025년 8월 20일

지은이 배지영
펴낸이 김영곤
펴낸곳 (주)북이십일 21세기북스

영업팀 정지은 한충희 장철용 강경남 황성진 김도연 이민재 남정한
제작팀 이영민 권경민

출판등록 2000년 5월 6일 제406-2003-061호
주소 (10881) 경기도 파주시 회동길 201 (문발동)
대표전화 031-955-2100
팩스 031-955-2151
이메일 book21@book21.co.kr

(주)북이십일 경계를 허무는 콘텐츠 리더

21세기북스 채널에서 도서 정보와 다양한 영상자료, 이벤트를 만나세요!

블로그 blog.naver.com/21c_editors **인스타그램** instagram.com/jiinpill21
홈페이지 www.book21.com **유튜브** www.youtube.com/book21pub

서울대 **가**지 않아도 들을 수 있는 **명강**의! 〈서가명강〉
유튜브, 네이버, 팟캐스트에서 **'서가명강'**을 검색해보세요!

ISBN 978-89-509-9556-0 13590